KB240800

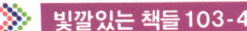

빛깔있는 책들 103-4

석불

글/진홍섭 ● 사진/안장헌

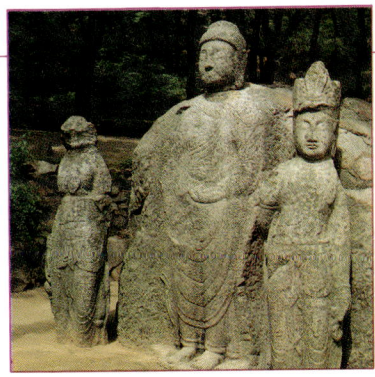

대원사

진홍섭 ─────────

문학박사. 일본 메이지대학 정경학부를 졸업했다. 이화여자대학교 교수, 동대학 박물관장, 한국정신문화연구원 교수 등을 역임했으며, 문화재위원회 전문위원이다.

안장헌 ─────────

고려대학교 농업경제학과를 졸업했으며, 신구전문대 강사, 사진 예술가협회 부회장으로 있다. 사진집으로「석불」「국립공원」「석굴암」등이 있다.

빛깔있는 책들 103-4

석불

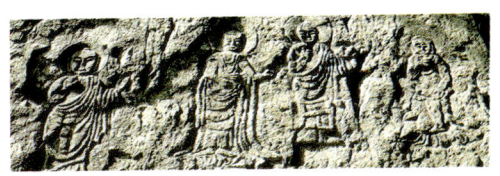

석불

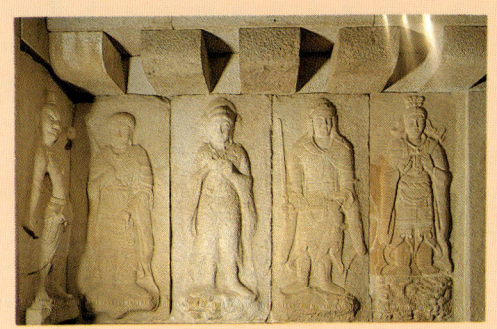

불상 조각의 재료

우리는 주변에서 여러 재료로 만든 불상을 볼 수 있다. 금으로 만든 불상을 비롯하여 철불, 동불, 금동불이 있는가 하면 석불, 목불 같은 비금속성의 재료 심지어는 흙으로 만든 이불(泥佛), 전불(塼佛)까지 있다. 이러한 재료상의 구별은 어떠한 이유에서 생기며 재료의 귀하고 천함에 따라 공덕의 차이가 있는 것일까.

불교에서는 재료의 선택에 대하여 아무런 제한도 두지 않았고 재료의 귀천에 따라서 공덕의 차이가 생기는 것이 아니라는 점을 명시하고 있다. 금은 주옥으로 불상을 만든다는 것은 공경하는 마음을 표시하는 수단의 하나는 될 수 있어도 그것으로 인해 공덕이 커지는 것은 아니다. 금과 은을 써서 불상을 만들 만한 재력이 없는 사람은 자기 분수에 맞는 값싼 재료를 써서 만든다 해도 공덕이 감하는 것은 아니라고 하였다. 또 때로는 흙을 빚어 만들 수도 있고 심지어는 모래를 모아서 만드는 일까지도 허물하지 않았다.

그러면 불상을 만들어 공덕을 표시하는 기준은 무엇인가. 오직 청정(清浄)만이 기본 요건이다. 목불을 만들기 위한 목재는 날을 정하여 잘라 향탕(香湯)으로 깨끗이 씻는다든가, 금속상을 만들

재료는 한번도 세속의 용기로 사용하지 않았던 것이라야 한다든가 하는 등의 규정이다.

또는 처음에 아미타불을 만들려고 시작하였다가 도중에 석가여래의 상으로 바꾼다든가 불상을 그리다 남은 채료(彩料)로 보살상을 그리는 등의 일은 있어서는 안 되며 더구나 불상을 그리다 남은 채료로 새나 짐승을 그리는 일은 엄격히 금지되고 있다. 이러한 일만 아니면 또 청정함에 차이가 없는 재료라면 자기 재력에 맞게 선택하는 데 아무런 제한이 없다는 것이다.

현존하는 우리나라 불상은 석조, 금제, 동제, 금동제, 철제, 목제, 소조(塑造), 건칠제(乾漆製), 전제 등이 있으나 가장 많이 남아 있는 불상은 석불이다. 아마도 생산적인 조건과 내구성이 강했던 까닭이었을 것이다.

사실 한국에는 전국에 걸쳐 순백 양질의 화강석이 대량으로 분포되어 있는 자연 조건의 혜택을 입어 일찍부터 석조 기술이 발달하였고 불교 미술 또한 돌을 재료로 하여 꽃을 피우게 되었다. 때로는 그윽한 미소를 머금은 신비에 쌓인 상이 나타나는가 하면 근엄 단정하여 위엄과 자비를 겸비한 상이 제작되기도 하고 때로는 1미터 미만의 작은 상이 제작되는가 하면 수십 미터의 단애에 거대한 불상이 단독으로 혹은 군상을 이루면서 조각되기도 하였다.

석조 미술은 비단 불상뿐만 아니라 석탑이나 석등, 석비, 석교, 석조(石槽), 석수(石獸)에 이르기까지 다양하여 우리나라 고대 미술품의 중요한 일분야를 차지한다. 그뿐 아니라 지금까지도 화강석에 대한 애작심이 남아 있어 화강석에 대한 관심은 우리나라 사람들의 전통 중 하나라고 할 만하다. 그리하여 우리나라에서는 전국 각처에서 석불, 마애불(磨崖佛)을 대할 수 있다.

이는 불교사상을 배경으로 일찍부터 연마해 온 기술을 발휘하여 우리에게 석조 미술의 아름다움을 남겨 준 선조들의 자취를 읽을 수 있게 해준다. 그러나 현재 우리들에게 남겨진 유품은 과거에 제작된 수에 비하면 훨씬 적을 뿐만 아니라 그 적은 수의 석불조차도 적지 않은 손상을 입고 있어서 조선시대의 파괴상이 짐작되는 바이다.

석불 조성의 배경

　대체로 절을 짓고 불상을 조성하는 데는 깊은 인연이 따르게 마련이다. 국가의 아태(安泰)를 기원하는 일에서부터 개인의 복을 빌기 위한 일에 이르기까지 여러 가지가 있다. 석불의 경우도 예외는 아니다. 이러한 조불(造佛)의 배경은 당시의 불교 자체는 물론 그 불상을 이해하는 데도 적지 않은 도움을 줄 것이다. 그러한 뜻에서 현존하는 석불들의 조성 배경을 몇 가지 고찰해 보기로 한다.

　첫째, 국가적인 경영이 있다. 국태민안을 위하여 국가가 조성하는 예로서 그 대표적인 것이 경주 토함산의 석불사이다. 석불사는 곧 지금의 석굴암이며 재상 김대성(金大城)이 신라 경덕왕 10년(751)에 전생의 부모를 위하여 창건하기 시작한 절로서 774년 김대성이 죽자 국가가 끝을 맺어 완성한 석굴 사원이다. 김대성이 석불사를 창건하고 석굴의 불상을 조성한 인연은 「삼국유사」 '대성효 2세부모(大城孝二世父母)'조에 아래와 같이 소상히 적혀 있다.

　"대성은 모량리(牟梁里)의 가난한 집안에 태어났다. 그의 어머니가 부자 복안(福安)의 집에서 품팔이를 하였고 그 집에서 밭 몇 고랑을 주어서 그것으로 생활의 보탬을 삼았다. 하루는 흥륜사의 중이 복안의 집에 와서 시주를 청하자 복안이 베 50필을 주었다. 중이 축원하기를 '천신이 항상 돌봐서 하나를 주면 만 배의 이로움을 얻을 것이다'라고 하였다.

대성이 이 말을 듣고 어머니에게 '내가 문에서 중이 하는 말을 들으니 하나를 주면 만 배를 얻는다고 하는데, 생각하면 필연 착한 일을 쌓은 일이 없어 이같이 곤궁하니 지금 보시를 아니하면 내세에는 더욱 곤궁할 것이니 우리 밭을 시주하여 내세에 잘살기를 바라면 어떠하리까' 하고 말했다. 어머니도 좋다고 하여 밭을 시주하였고 그로부터 얼마 뒤에 대성이 죽었다.

그날 밤 재상 김문량(金文亮)의 집에 하늘에서 '모량리의 대성을 너의 집에 의탁한다'라고 하는 소리가 들렸다. 집안 사람들이 놀라 사람을 모량리에 보냈더니 과연 대성이 죽었다. 그날 그 소리와 함께 부인이 임신하여 아들을 낳으니 이름을 그대로 대성이라 하고 어머니도 모셔다 함께 봉양하였다.

대성이 커서 사냥을 좋아하여 하루는 토함산에 올라가 곰을 잡고 산을 내려와 유숙하였다. 그날 밤 꿈에 곰이 귀신으로 나타나서 '너는 어찌하여 나를 죽였느냐. 내가 도로 너를 잡아 먹겠다' 하니 대성이 두려워 용서해 주기를 빌었다. 곰은 '네가 능히 나를 위하여 절을 짓겠느냐?' 하니 대성이 절을 지을 것을 맹세하고 꿈을 깨니 땀이 자리를 적시었다. 이후 사냥을 금하고 곰을 위하여 잡은 자리에 절을 짓고 장수사(長壽寺)라 하였다.

이로써 마음에 감동하는 바 있어 부처를 믿는 신심이 더하여 현세의 양친을 위하여 불국사를 세우고 전세의 부모를 위하여 석불사를 지었다. 이에 불상을 만들어 길러 준 노고에 보답하였으니 한 몸으로 두 부모에 효도한 일은 예부터 드문 일이다."

김대성은 왕가와 친연 관계가 있는 같은 김씨이고 석불사와 동시에 현세 부모를 위하여 불국사를 창건한 점으로 보아 「삼국유사」의 기록은 김대성 개인의 원찰(願刹)로 오해하기 쉬우나 아무리 재상의 지위에 있다 하더라도 불국사와 석불사 같은 대찰을 동시에 이룩할 수는 없는 일이며 또 '김대성이 죽자 국가가 끝을 맺어 완성하였다'라는 말은 처음부터 국가적인 사업이었음을 암시하는 말이다. 특히 그 위치가 왜구의 침입이 잦았고 문무왕이 사후에도 왜구를 막기 위하여 용이 된 동해를 대하고 있는 점도 국가안태를 고려한 점지(占地)임을 알 수 있다.

　다음은 왕가의 원불(願佛)이 있다. 신라의 불교를 왕실 불교니 국가 불교니 하는 말로 표현하듯이 전제 군주 체제하에 있던 과거와 같은 우리 사회에서는 종교를 왕실이나 국가와의 연관을 떠나서 생각할 수가 없다. 따라서 왕가와 인연이 있는 석불은 적지 않다.

　진평왕 9년(587)에 죽령(竹嶺) 동쪽 100리 가량 되는 곳에 높이 솟은 산이 있었는데, 사방에 부처를 조각한 사면이 반듯한 돌이 붉은 비단에 싸여 하늘에서 홀연히 산 위에 떨어졌다. 왕이 이 말을 듣고 그곳까지 가서 쳐다보며 예배하고 그 바위 옆에 절을 짓고 대승사(大乘寺)라 하였다든지(대승사는 지금도 있다) 또 경덕왕 때(742∼764년) 왕이 백율사(栢栗寺)에 가려고 산 밑에 이르자 지하에서 염불 소리가 들려서 파 보았더니 사면에 불상을 조각한 돌이 나타나서 곧 절을 짓고 굴불사(掘佛寺)라 하였다는 것 등은 모두 그러한 예들이다.

　그러나 동화사 비로암의 비로사나 석불 좌상과 무장시 미타상(鰲藏寺彌陀像)은 왕 혹은 왕족의 명복을 위한 조상(造像)이었다. 즉 동화사 비로사나 불상은 왕위 쟁탈의 와중에서 비명에 세상을 떠난 민애왕의 명복을 빌기 위하여 경문왕 3년(863)에 석불과 삼층 석탑을 조성한 것이 바로 그것이다. 삼층 석탑에서 그러한 사연을 각자한 사리호(舍利壺)가 발견되었고 비로사나 석불은 9세기 후반의 양식을 보여 주고 있어서 석탑과 함께 석불이 조성되었음을 충분히 인정할 수 있다.

또 무장사지에는 삼층 석탑과 미타상을 만들 때 사적을 기록한 석비의 귀부(龜趺)와 이수(螭首)가 남아 있는데「삼국유사」에는 다음과 같은 인연이 기록되어 있다.

즉 경성 동북 20리 가량 되는 암곡촌 북쪽에 무장사가 있으니 이는 제38대 원성왕의 아버지 명덕대왕이라 추봉한 대아간(大阿干) 효양(孝讓)이 숙부 파진손(波珍喰)을 추숭하여 지은 절이다. 소성왕의 왕비 계화왕후(桂花王后)가 왕이 돌아감에 황황하여 어찌할 바를 모르고 지극히 애도하여 피눈물을 흘리면서 밝은 덕을 찬양하고 명복을 빌고자 하였다. 왕비는 서쪽에 미타라는 대성이 있어 지성으로 귀의하면 잘 구원하며 와서 맞는다 하니 이것이 참말이라면 어찌 나를 속이겠는가 하여 왕비의 여섯 가지 의복을 희사하고 관청에서 저축했던 재물을 기울이면서 명장을 불러 미타상 1구와 신중(神衆)을 만들어 봉안하였다는 내용이다.

이 밖에도 간접적으로 왕실과 결부된 석불이 있고 금속제 불상에도 왕실과 깊은 인연으로 제작한 예가 있다.

다음으로 개인의 기원에 의하여 조성된 불상이 있다. 모든 국민이 불교를 신봉하던 시기에 왕가나 개인이 원불을 조성하는 일은 수없이 많았을 것이고 그 흔적이 뚜렷한 예도 많다.

첫째, 계유명 삼존천불비상(癸酉銘三尊千佛碑像)과 계유명 아미타 삼존 사면석상 그리고 연기군(燕岐郡)내에서 발견된 것들과 동일 수법의 석상들이 있다. 이 두 상은 모두 '癸酉年四月十五日'이라는 연기를 가지고 있어서 연대 고증에 중요한 자료가 되며, 비문 중에는 백제 8대 성(姓)의 하나인 진모씨(眞牟氏) 같은 백제 유민들이 관여하고 있을 뿐 아니라 이들은 대사(大舍)라는 신라의 관직을

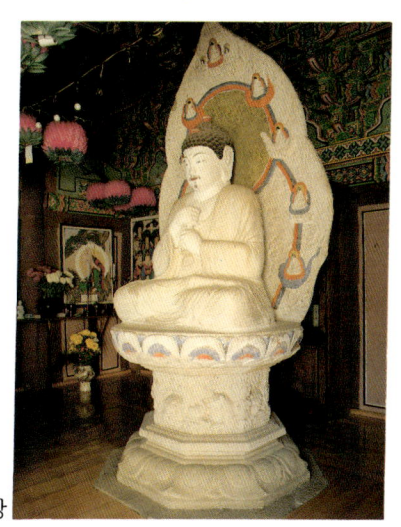

동화사 비로암 석조 비로사나불 좌상

받고 있는 점으로 보아 그 조성 연대는 백제가 나라를 잃은 직후인 신라 문무왕 13년(673)의 작품으로 추정된다. 또 이들은 국왕 대신 과 칠세(七世) 부모를 위하여 제작한 점, 두 상의 조각이 양식상 동일한 점 등을 감안하면 백제의 유민들이(천불비상에서는 '二百五 十人'이라고 하였다) 나라를 잃은 후 어떤 소원을 담아서 제작하였 음이 분명하다.

또 하나 경주 감산사지(甘山寺址)에서 국립 중앙박물관으로 옮겨 온 아미타불과 미륵보살의 두 석상이 있다. 이 석상의 광배(光背) 배면에는 각각 거의 동일한 내용의 조상기(造像記)가 각자되었는 데, 이에 의하면 중아찬(重阿湌)의 벼슬에 있던 김시성(金志誠)이 집사시랑(執事侍郎)으로 왕의 측근에서 봉사하다가 퇴관하여 한거 하면서 선고(先考), 선비(先妣), 동생, 누이, 전처, 후처 등 먼저 간 일족의 명복을 위하여 절을 짓고 미륵존상과 미타불을 조성하였다 고 한다.

지금도 이 사지에는 법당 자리를 짐작할 수 있는 석조 기단석과 그 앞에 석탑과 석등이 남아 있다. 이 조상기에는 '開元七年己未二月十五日'이라는 연기가 있어 신라 성덕왕 18년(719)의 조성임을 알 수 있다.

백제의 '오모(吳车)'(전씨 아미타상의 조상기에는 眞武로 되었다)나 신라의 '김지성'이나 모두 그 나라의 명문들이었음을 생각할 때 그들이 조성한 석불은 당시의 기술을 대표할 정도로 명공의 솜씨일 것이고 따라서 당시의 불상 양식이 잘 나타나 있다는 점에서도 큰 비중이 있다고 하겠다.

끝으로 사리 수호 내지는 사리 장엄과 연관된 석불이 있다. 전자의 예로는 경주 분황사 모전석탑(模塼石塔)의 예를 최고(最古)로 하여 통일신라시대에서 조선시대에 이르기까지 석탑 표면에 부조된 예는 무수히 많다. 후자의 예로는 부여 군수리(軍守里)사지 탑지에서 출토된 석불을 들 수 있다. 분황사 탑 초층 탑신 사면에는 감실(龕室)을 개설하였고 그 좌우에 인왕상(仁王像) 1구씩을 조각하여 현재 총 8구가 배치되었으니 이 인왕상의 배치는 분명히 사리 수호의 뜻이 있는 것이다.

신라시대 이래 석탑 표면에 부조된 상의 종류는 불·보살, 인왕, 사천왕(四天王), 팔부중(八部衆), 비천(飛天), 십이지(十二支), 사자 등 다양하며 부조가 가해지는 원래의 의미는 사리의 존재를 의식한 결과이겠으나 차츰 장엄의 뜻이 가미되다가 급기야 장식의 의미로 타락되었다. 즉 고려시대에 이르러 기단부에 연화가 조각되고 조선시대에는 용이 기단 면석(面石) 전면을 차지하는 사례가 나타났다. 이들은 모두 원각이 아닌 부조로 입체적인 조각이 아닌 점에서 구별된다. 그러나 마애불과 같은 것이어서 우리 조각사에서 전혀 무시해 버릴 수 없는 일이다.

한편 일제시대, 부여 시내 군수리의 백제시대 사지를 발굴한 결과

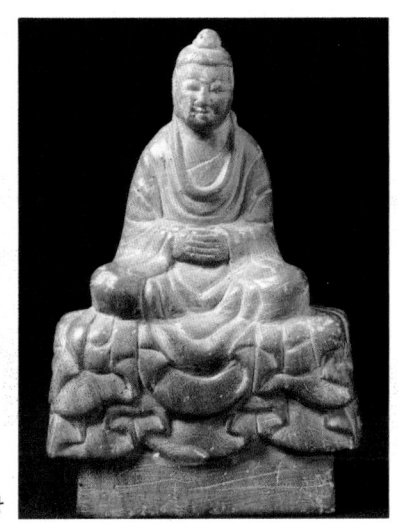

부여 군수리사지 출토 석불 좌상

탑지 심초석(心礎石) 밑에서 석불과 금동불 각 1구가 출토되었다. 탑신부 혹은 기단부에서 동불 또는 소탑들이 발견되는 일은 자주 있어 왔는데 이것은 경주 구황리(九黃里) 삼층 석탑에 금불 2구를 납치(納置)한 일이나, 익산 왕궁리(王宮里) 오층 석탑에 금판 금강경을 납치한 일과 같은 성격으로 법신사리(法身舍利)로서의 의미를 가지는 것이다.

불상 조성의 인연은 재료로 경중을 가릴 일은 아니라 할지라도 이상과 같이 석재로 조성한 예가 적지 않음은 석재의 선호와 석조 기술의 발달을 뜻한다고 할 수 있으며, 또한 우리나라 조각에서 석조 불상의 비중이 컸나고 할 수 있다. 더욱이 삼국시대 이래 백제의 미륵사 석탑, 익산 연동리 석불, 고구려 장군총, 신라 상인암 조각군 등의 거작들을 대할 때, 또 그것이 고려 조선으로 이어지고 있는 점을 고려하면 석조 조각의 성황을 짐작하고도 남음이 있을 것이다.

석굴암 본존상 8세기 중엽에 이르러 인도의 석굴을 재현한 본격적인 석굴이 경영되기에 이른다. 석굴암은 전방후원(前方後圓)의 굴실 평면으로 후원의 본굴 중앙에 여래상을 안치하고 주벽에 부조상과 감실을 설치하였다. 원굴 중앙에 봉안된 여래 좌상은 굴내의 모든 조상에 비해 수단 높은 아름다움이 표현된 걸작이다. 불신의 비례는 물론 근엄과 자비를 겸비한 불성이 유감없이 표출된 상호, 손끝 발끝에까지 세심한 손길이 미친 석공의 기술, 대좌와의 적절한 비례 등을 볼 때 신라 조각의 최고봉이며 한국 불교 조각의 대표작이라 할 수 있다.

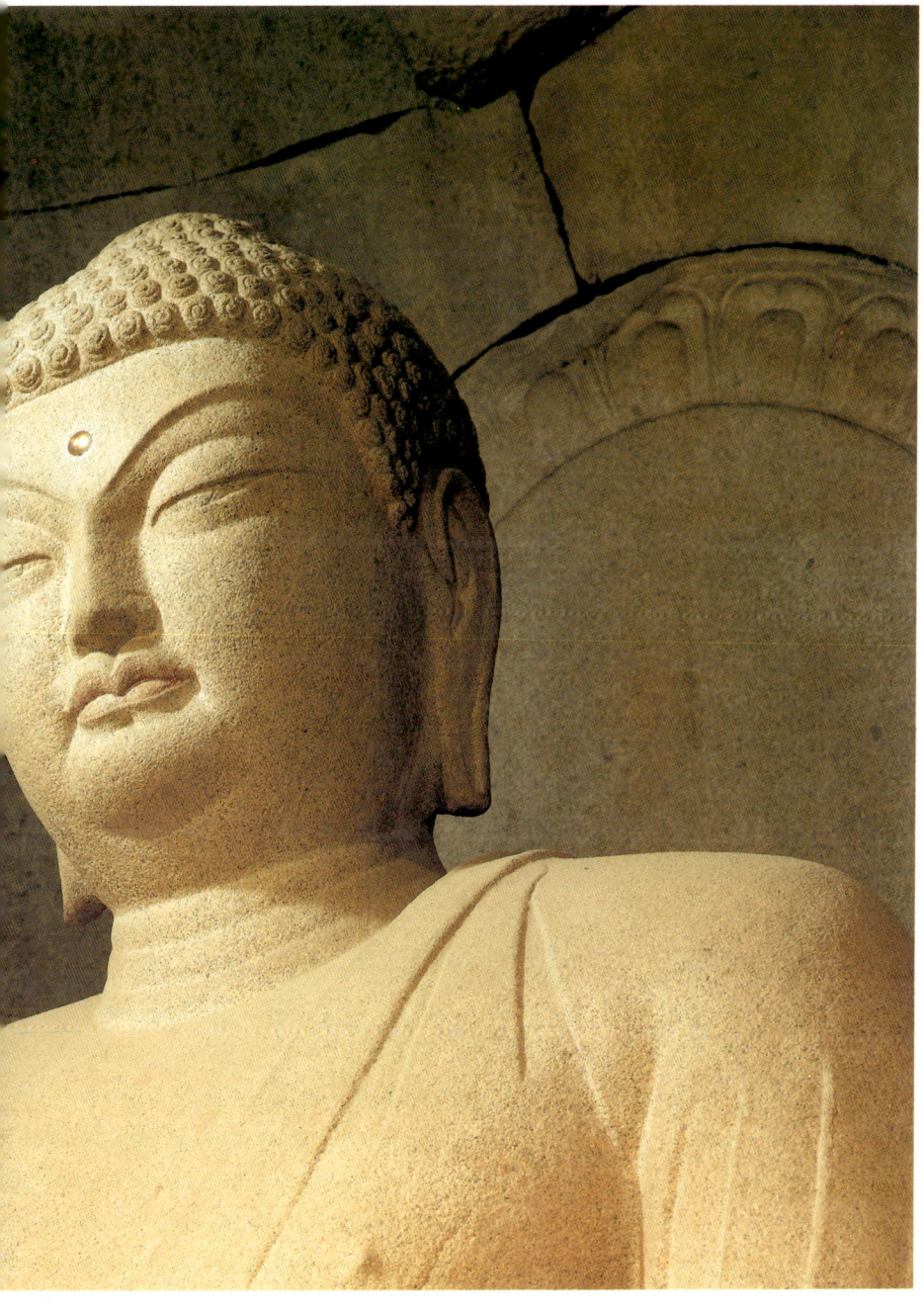

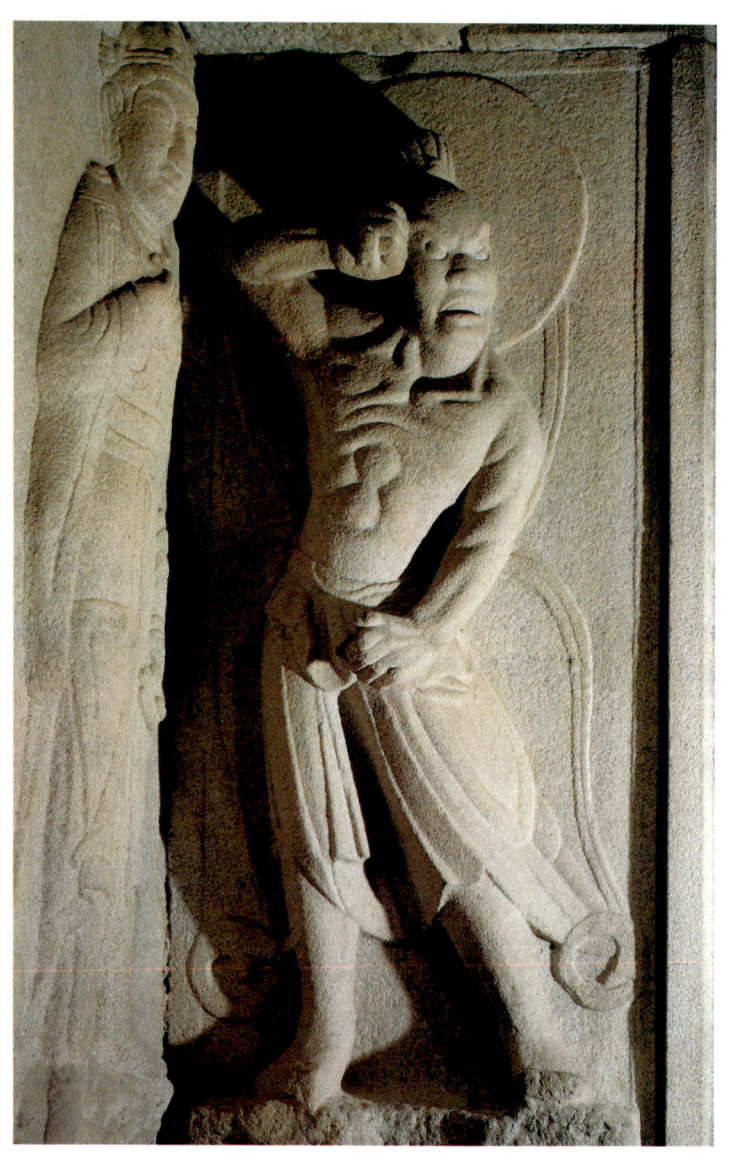

석굴암 인왕상 비도(扉道)를 등지고 원굴 입구 좌우에 배치된 인왕상이다. 부조이지만 두드러진 근육의 표현이 석굴암 조각 중 가장 역동적인 면모를 보인다.

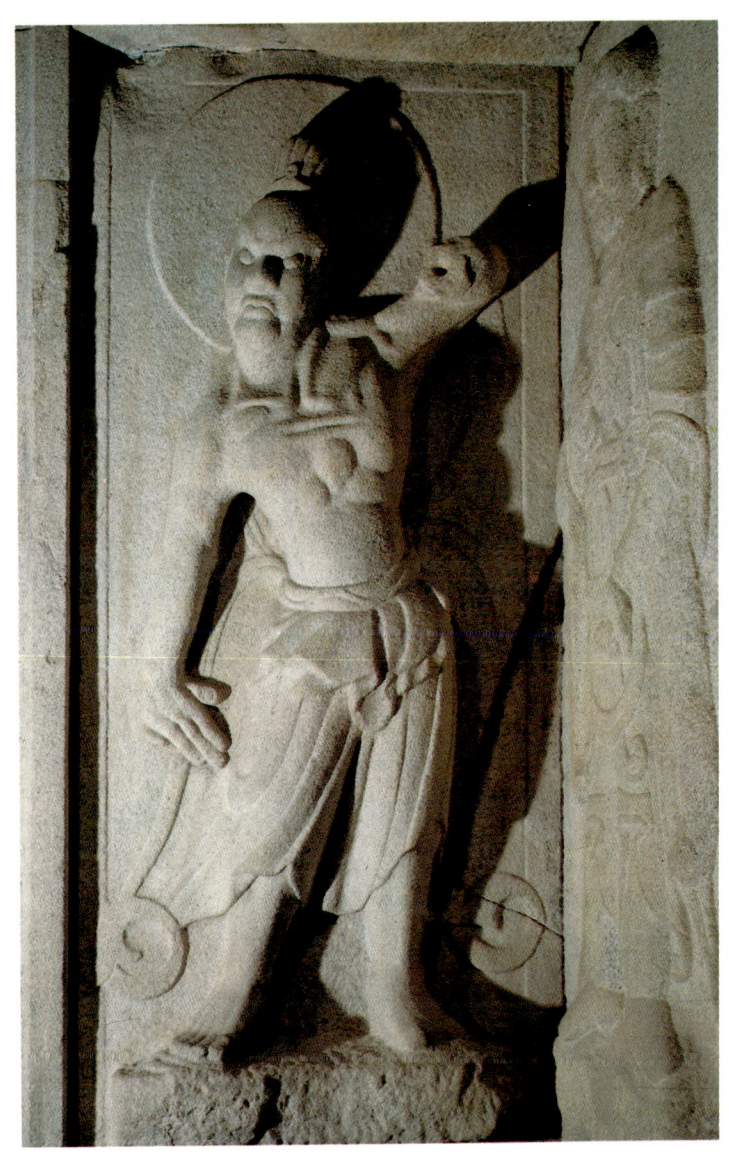

석굴암 인왕상 상반신은 나형(裸形)이며 오른손을 들어 주먹으로 치려 하는 분노상이
다. 본존불을 중심으로 왼쪽 면의 인왕과 대치되는 위치에, 대치되는 자세로 있는
입을 다문 음(吽)형의 상이다.

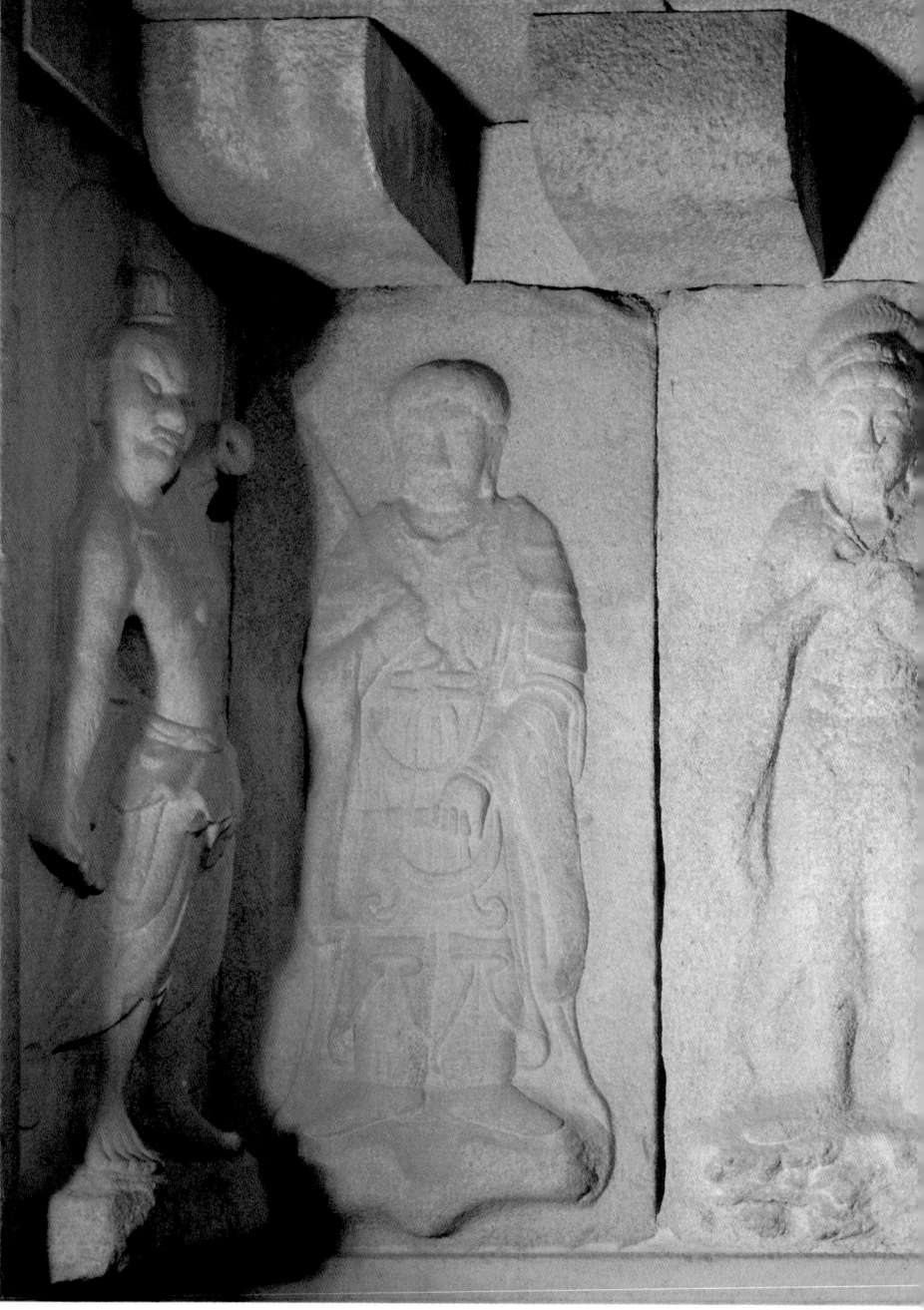

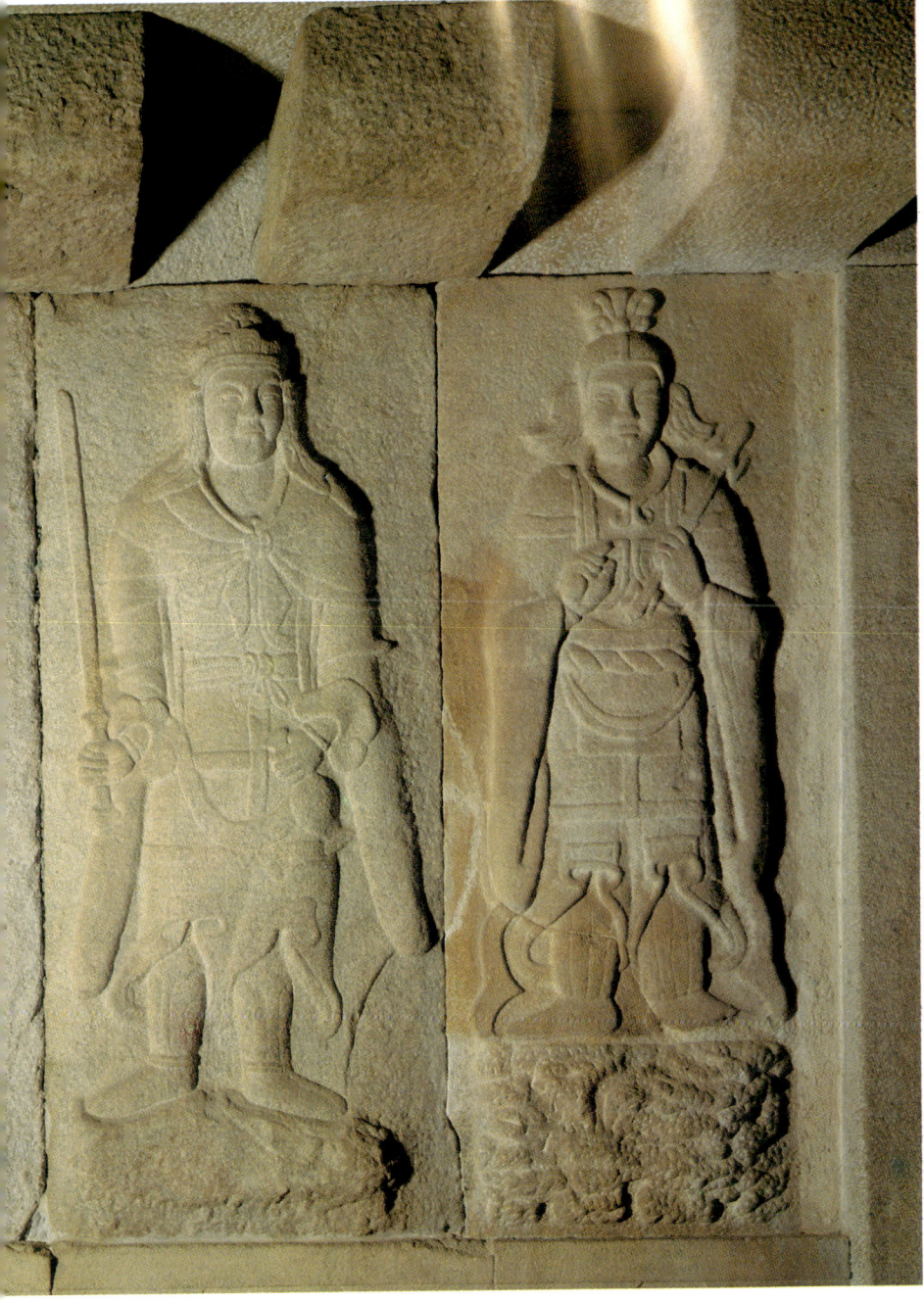

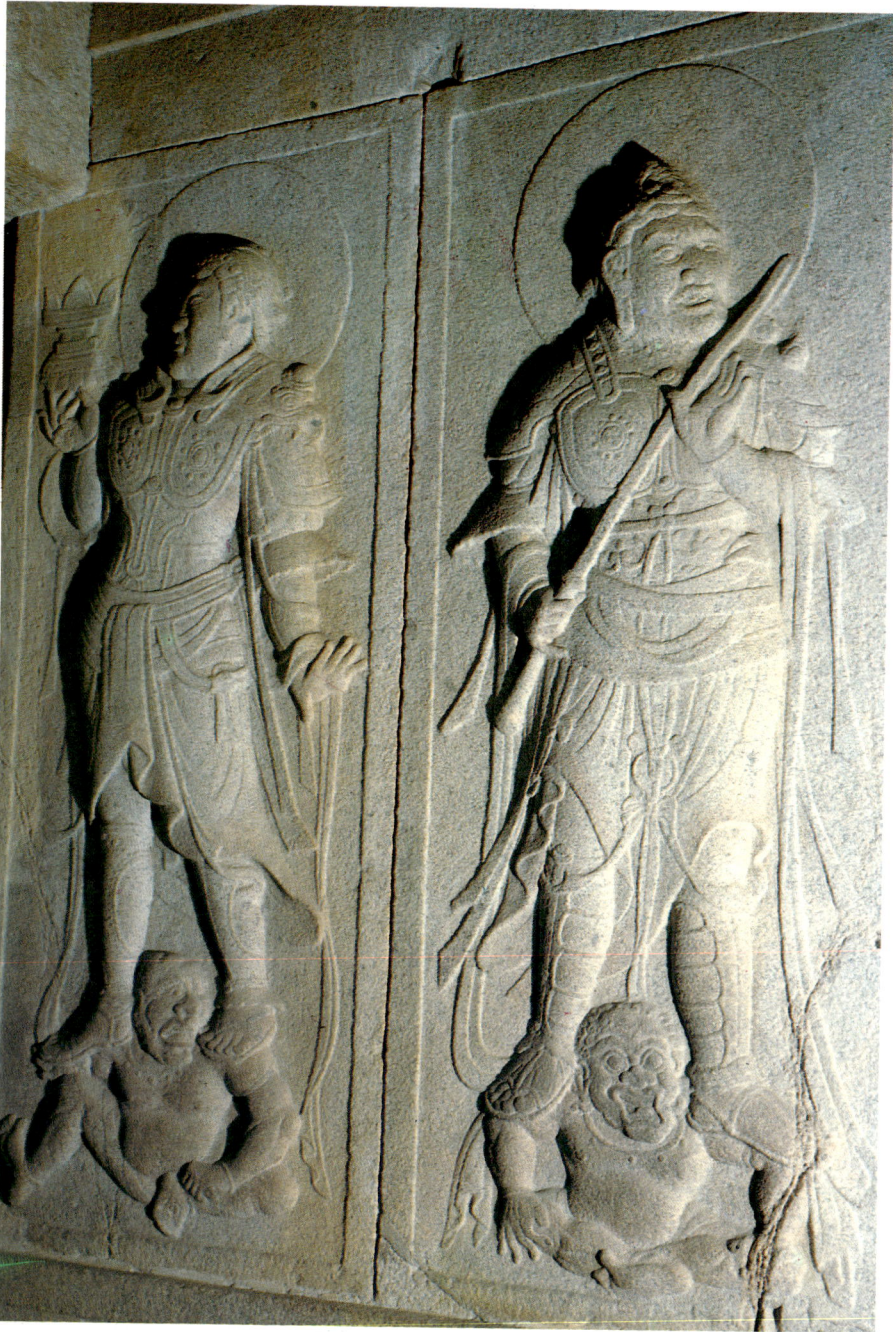

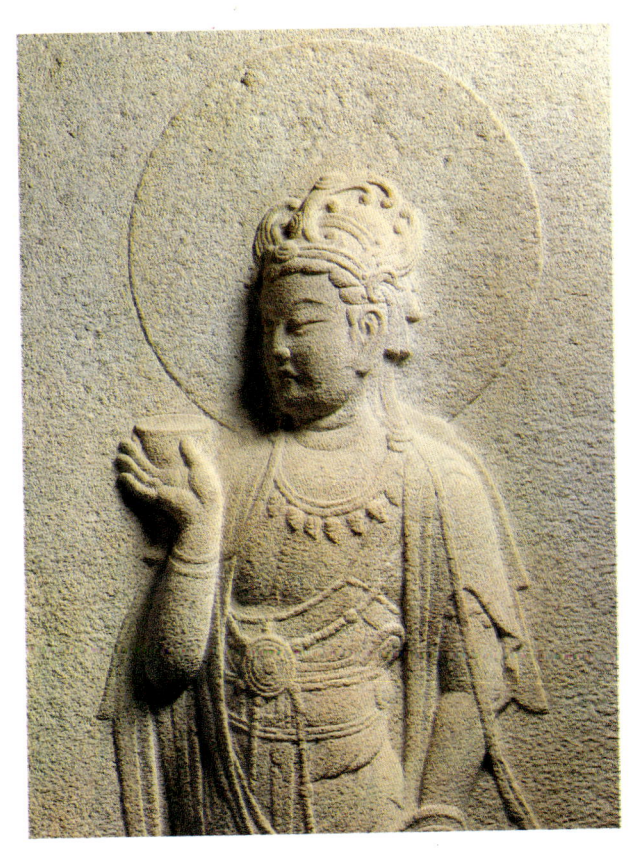

석굴암 팔부중상　전실 좌우벽에는 팔부중상이 부조뇌었는네 ㄱ 둥 간딜파, 친, 마후라
가, 가루라의 모습이다.(앞)

석굴암 사천왕상　비도(扉道)에 위치한 4구의 사천왕상 중 2구의 모습이다. 무인(武
人)의 복장을 하고 악귀를 딛고 있다.(왼쪽)

석굴암 문수보살상　연꽃무늬의 대좌 위에 서서 몸을 굴 안쪽으로 향하였고, 오른손으
로 잔을 받든 자세이다. 보관의 곡선과 유려한 천의에서 부드러운 실재감이 돋보인
다.(오른쪽)

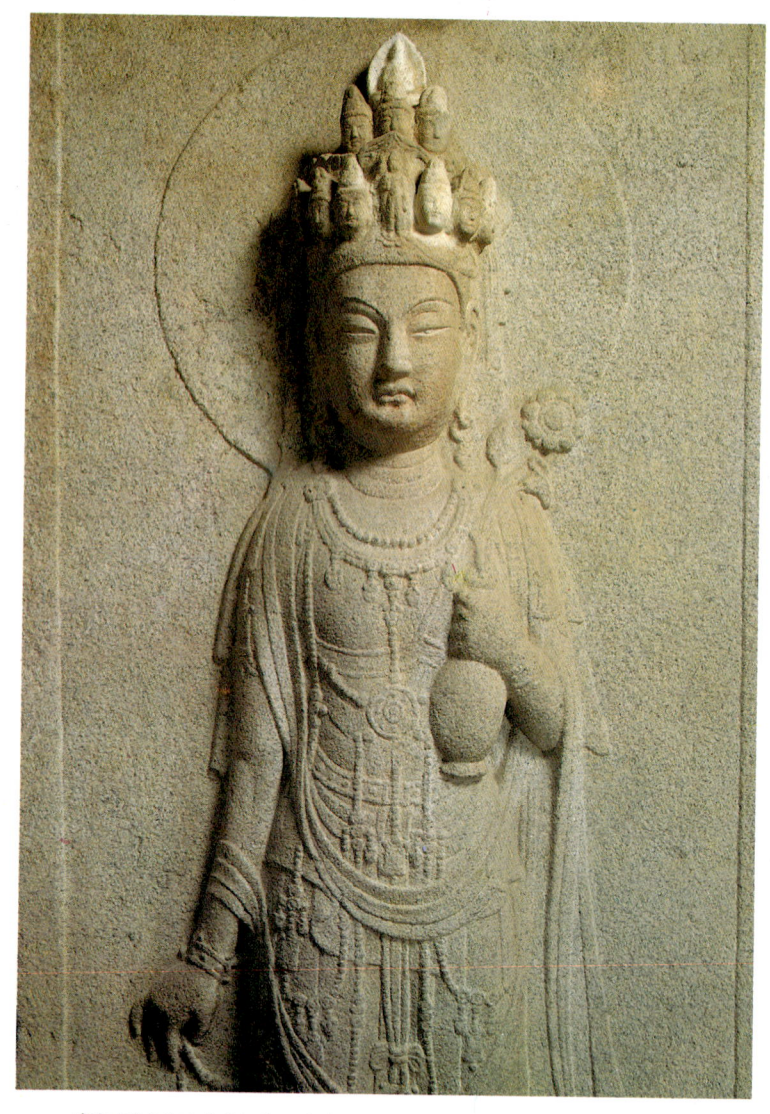

십일면관세음보살상 석굴 안의 다른 상들이 약간 측면인 데 반해 이 상은 정면을 향한 것이 특징이다. (왼쪽)

석굴암 제석천상 오른손엔 불자(拂子)를, 왼손엔 금강저를 들고 있다. 석굴암내의 다른 상과는 달리 두광이 계란을 거꾸로 세운 형태에 주위에는 연주를 두른 것이다. 이 제석천과 대치되는 위치에 범천이 자리하고 있다. (오른쪽)

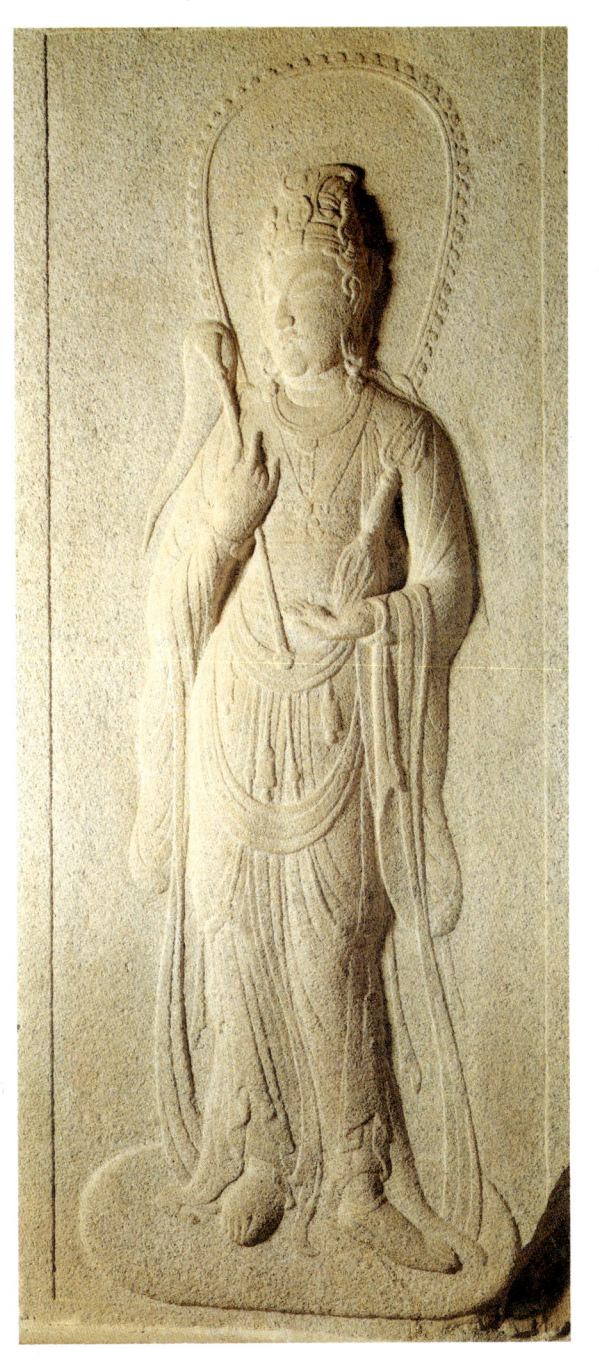

석굴암 제자상 석굴암의 조각은 각 상의 이름에 맞는 적절한 표현을 해서 성격 묘사에
성공하였다. 특히 제자상에서는 극히 간명한 선을 쓰면서도 각자의 개성을 거의 완벽
하게 표현하였다.

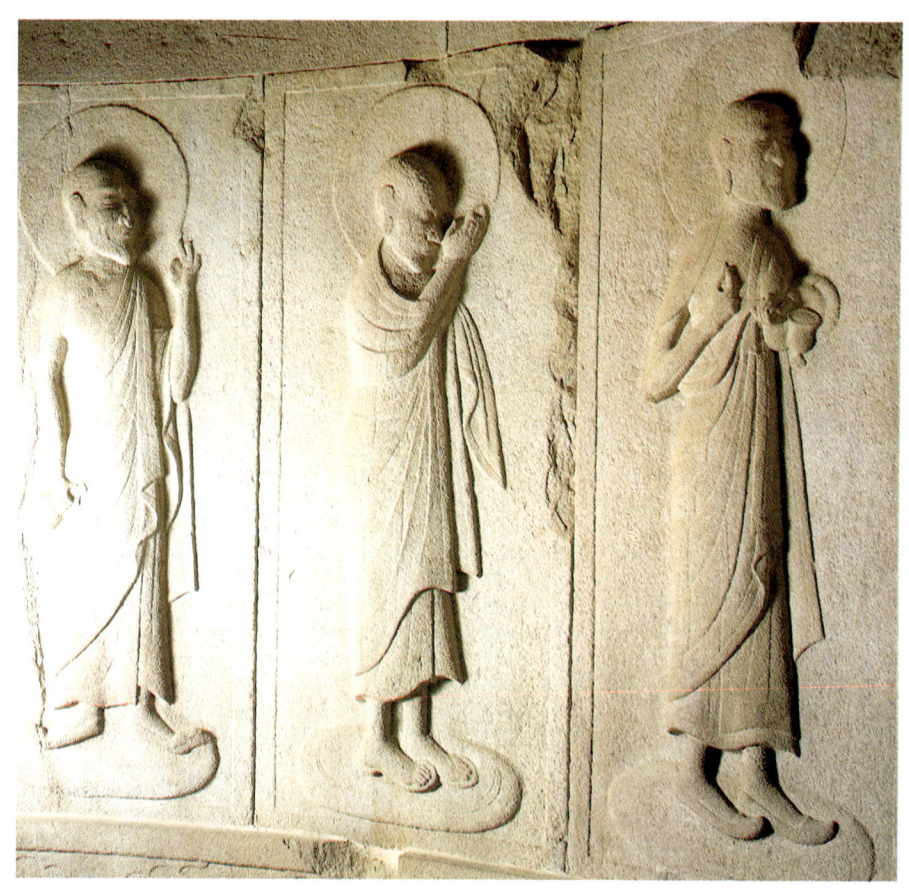

석굴암 제자상 십대 제자 중 목련존자로 추정되는 상이다. 이국적인 용모를 강하게 드러내는 튀어나온 턱과 길고 큰 코, 깊숙이 패어져 날카로운 시선을 느끼게 하는 눈 등이 인물의 특징을 표현하는 데에 손색없이 처리되었다.

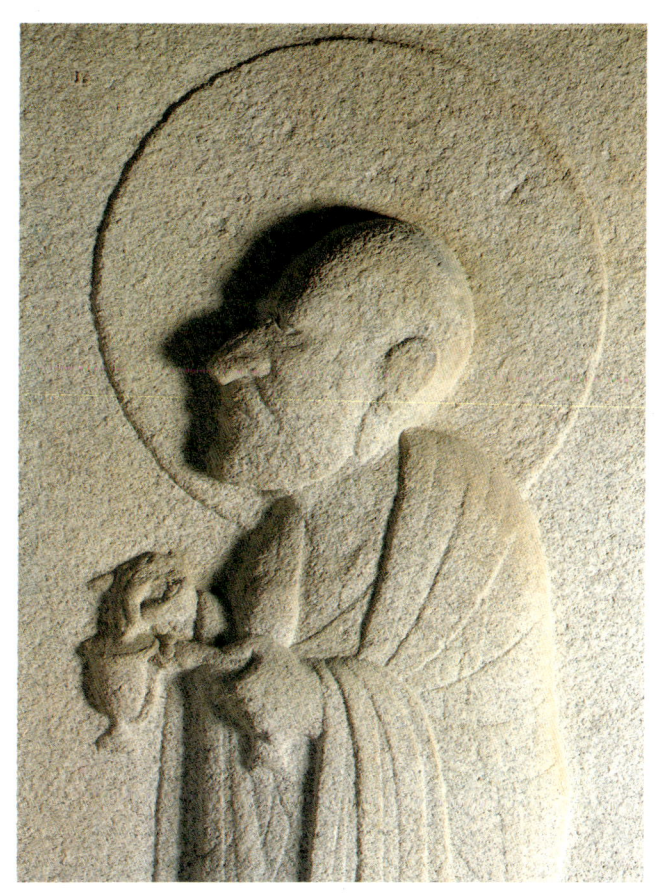

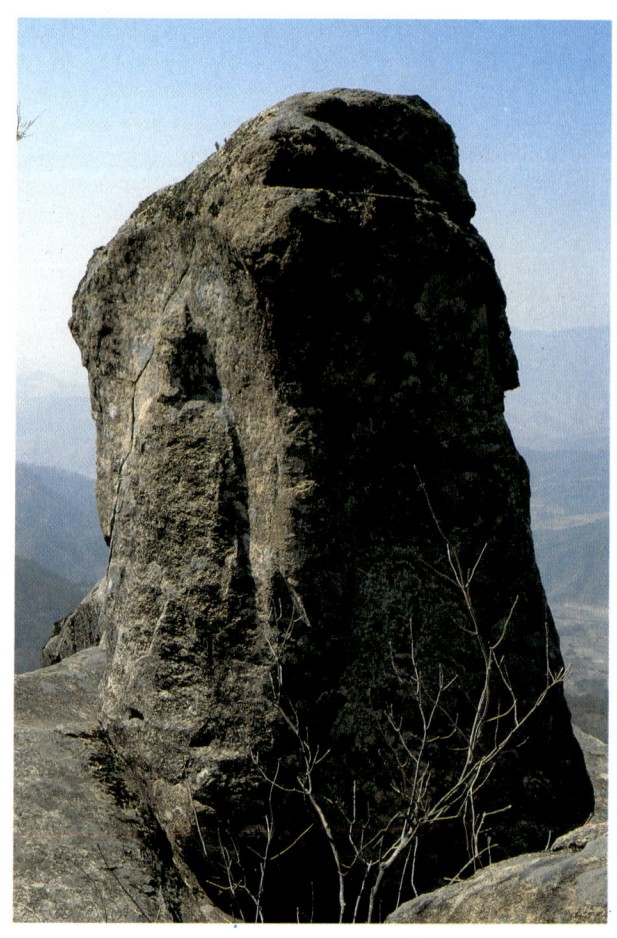

문경 사불산 사방불 진평왕 9년(587)에 사방에 부처를 조각한, 사면이 반듯한 돌이 붉은 비단에 싸여 하늘에서 홀연히 산 위에 떨어졌다. 왕이 이 말을 듣고 그곳까지 가서 예배하고 그 바위 옆에 절을 짓고 대승사(大乘寺)라고 하였다는 사불산의 사방불로서 왕가의 원불(願佛)이다.

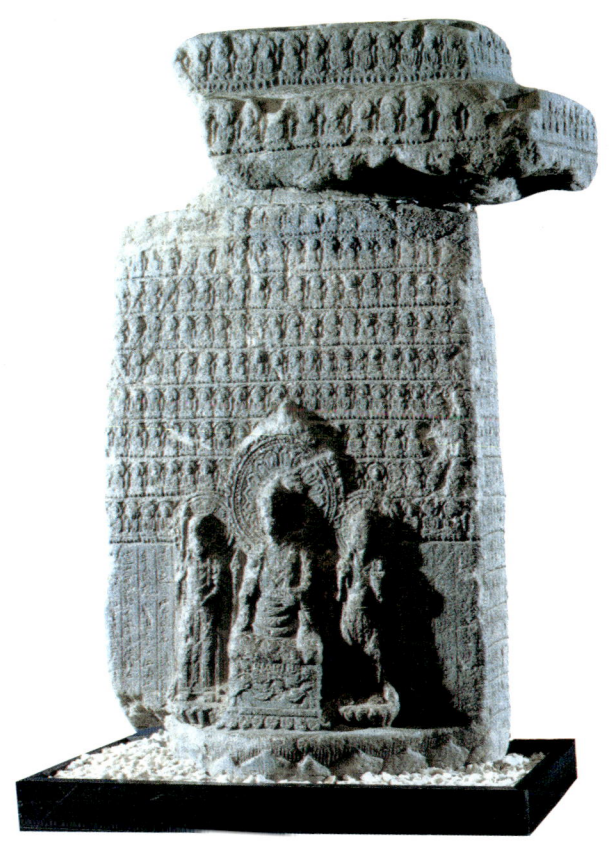

계유명 삼존천불비상 조성 연대는 백제가 나라를 잃은 직후인 신라 문무왕 13년 (673)으로 추정된다. 이들은 국왕 대신과 칠세(七世) 부모를 위하여 제작했다는 점과 조각 양식 등을 고려해 볼 때, 백제의 유민들이 나라를 잃은 후 소원을 담아 제작한 것으로, 개인의 기원에 의하여 제작된 것임을 알 수 있다.

한국 석불의 형식

돌로 불상을 조성할 때 여러 가지 형태가 있다. 독립된 공간을 가지는 원각상(円刻像), 석주 사면에 조각한 사면불(四面佛), 감실 안에 모신 감불, 석굴을 형성한 불상, 비문을 동반한 예 등이 있다.

원각상

독립된 상으로서 전후 좌우 어디서나 관찰할 수 있게 조각한 상이다. 석조 불상 가운데서 가장 많은 수를 차지하는 것이 원각상이며, 작자는 정면관은 물론 측면이나 배면에도 충분한 신경을 써야 하겠지만 삼국시대 불상은 비단 석불뿐 아니라 금동불에서도 정면관을 중요시하여 측면이나 배면 처리를 소홀히 한 예가 많다.

또 원각상일 경우 입상이건 좌상이건 광배와 대좌를 갖추어야 하고 특히 좌상에서는 장엄한 광배와 대좌를 갖추게 된다. 석불도 법당에 봉안하여 예배의 대상으로 조성하였고, 지금도 법당에 안치된 석불이 있으나 그보다도 더 많은 수가 노천에 방치되어 있을 뿐 아니라 머리가 절단되는 등 피해를 입고 있다.

원각상에는 불·보살이 가장 많이 제작되었으므로 여기서도 불·보살을 중심으로 고찰하겠으나 그 밖에도 인왕상, 사천왕상, 천부상(天部像), 명왕상(明王像) 등의 작례가 있다. 한편 불·보살상의 자세도 다양하여 입상과 좌상이 가장 많지만 그 밖에 반가상(半跏像), 의상(倚像), 병좌상(幷坐像) 등도 있다.

입상은 두 발로 서 있는 자세인데, 정면을 향하고 직립한 자세를 등족립(等足立)이라고 하여 하반신이 직립하는 것뿐 아니라 상반신도 직립하여 굴곡이 없어야 한다고 하였다. 이것은 부처에 대한 말이고 보살의 경우는 7세기말경부터는 한쪽 발에만 체중을 걸어서 반대편 발이 떠 있는 자세를 취하기도 한다.

좌상은 결가부(結跏趺)한 자세를 말한다. 입상이나 좌상은 모두 부처의 동작이므로 어느 쪽이 좋고 어느 쪽이 그른 것이 없으나 행동하는 모습을 입상으로 표현하는 데 대해 법당에 안치하는 상은 반드시 좌상이라야 한다고 하였다. 보리수 밑에서 악마를 항복시키고 성도할 때의 모습, 녹야원(鹿野園)에서 설법할 때의 모습, 사위성(舍衛城)에서 연꽃 위에 앉아 한 줄기 연꽃에서 천의 연꽃이 나오고 그 천의 연꽃 위에서 천의 부처가 나타나게 한 때의 모습이 모두 좌상이었던 까닭이라고 한다.

좌상은 결국 결가부의 모습이지만 결가부의 좌법에는 두 가지가 있어서 우리나라에서는 왼발을 오른쪽 다리 위에 얹은 다음 오른쪽 발을 왼쪽 다리 위에 얹는 길상좌(吉祥坐)가 대부분인데, 이것은 무저가 보리수 밑에서 징각(正覺)을 얻을 때의 죄법이었다 한다. 여하튼 결가부의 좌법은 옛날부터 인도에서 전하던 8만 4천이나 되는 좌법 중에서도 으뜸가는 좌법이라고 한다.

반가상은 가부좌에서 한쪽 다리(대개의 경우 왼쪽 다리)를 풀어서 늘어뜨린 자세, 말하자면 반만 가부좌한 자세를 말한다. 이러한 자세의 반가상은 모두 왼손으로는 가부좌를 풀지 않은 오른쪽 발목을 잡고, 오른쪽 팔은 팔꿈치를 오른편 무릎에 고인 다음 손은 들어서 약간 숙인 얼굴의 볼을 받치는 자세를 취하는데 그 자세가 바로 사유(思惟)하는 모습이며 그러한 모습은 곧 미륵보살이 지금 도솔천에서 앞으로 하생하여 성도한 다음 중생을 제도할 일을 용화수(龍華樹) 밑에서 사색하는 모습이라고 해석하여 반가상을 '미륵보살 반가사유상'이라고 부르고 있다.

이러한 자세는 인도에서 시작되었다. 당시 인도에서는 싯달타 태자가 인간을 세속의 괴로움에서 구제하고자 자세를 표한 것이라고 생각하였고, 그러한 상이 중국에 전해지면서부터는 미륵보살의 사유상이라고 여기게 되었다. 중국에는 나무 그늘 밑에서 반가의 자세를 취한 상이 있는데 그 나무는 곧 용화수라고 생각된다.

백제에서는 특히 반가상을 많이 제작한 듯하여 많은 석조, 금속제의 조상 예가 있었을 것이며 성왕 16년(538) 일본에 보낸 '태자상(太子像)'이라는 것, 위덕왕 31년(584) 일본 사신이 가지고 간 '미륵 석상(彌勒石像)'이라는 것이 모두 반가상이었을 것이라는 추정도 나오고 있다.

현존하는 예를 보더라도 부여에서는 백제시대의 석조 반가상(상체 결실)이 발견된 일이 있고 경주 또는 봉화에서도 석조 대작의 반가상(이것도 모두 상체 결실)이 발견되었다.

경북대학교 박물관 소장의 봉화 출토 반가상(추정 복원 높이 약 2.5미터)은 국내 최대 최고(最高)의 걸작이다. 현존하는 석조 반가상은 모두 불완전하므로 완형의 금동상을 참고하면 상체는 나형(裸形)이고 얼굴에는 미소를 띠고 있으며 가는 허리에 걸친 치마와 밑으로 늘어진 옷주름의 표현 등 현실과 이상을 겸비하여 신비스러우면서도 아름다움을 잃지 않아 유현(幽玄)과 명랑의 대합주곡을 듣는 듯한 작품이다.

다음의 의상(倚像)으로는 현재 국립 경주 박물관으로 옮겨진 경주 남산 삼화령(三花嶺) 미륵삼존상을 대표로 꼽을 수 있다. 이 불상은 원래 경주 남산 삼화령 위에 있어서 신라 때는 충담(忠談) 스님이 매년 중삼(重三;3월 3일)과 중구(重九;9월 9일)에 차 공양을 하던 부처로서 마을 사람들은 협시보살(脇侍菩薩)을 보고 애기 부처라고 할 만큼 동안(童顏)의 미소년이었던 까닭인지 일찍이 원위치에서 산 아랫마을로 반출되었으며 그 후 본존도 국립 경주 박물관으로 옮겨졌다.

　본존은 두 다리를 앞으로 가지런히 하여 의자에 걸터앉았고 두 협시보살은 정면 직립하고 좌우에 시립하였다. 원각상, 마애상을 막론하고 의상은 우리나라에서는 매우 보기 드문 자세이다.

　끝으로 이불병좌상(二佛并坐像)이 있다. 이불병좌라 함은 석가여래와 다보여래(多寶如來)가 병좌한 모습으로 석가여래는 설법하고, 다보여래는 증명하는 상(相)을 뜻하며 중국 불상에는 많은 예가 있다. 우리나라에서도 괴산 원풍리 마애불 같은 데서 볼 수 있으나 원각상으로는 만주 길림성 반랍성(吉林省半拉城) 사지에서 출토되어 일본에 소장되어 있는 상이 알려져 있다.

　두 상은 법의(法衣)와 광배의 형식에 약간의 차이가 있을 뿐 방형 대좌 위에 결가부좌한 점은 동일하며 왼쪽에는 보살이, 오른쪽에는 나한이 시립하고 있다. 광배는 상단이 중앙에서 분리되어 두 상의 주형(舟形) 광배가 일부 중첩된 형태이고 5구의 화불(化佛)이 있다. 큰 육계(肉髻), 미소를 띤 면상, 상현좌(裳懸坐)에 나타나는 좌우 대칭의 의문, 보살상의 X형 천의(天衣) 등 삼국시대 불상의 양식을 보여 주며 발견 지점으로 보아 고구려시대의 유품으로 추정한다.

　이 밖에 중국에서 유행한 교각상(交脚像)은 성주 마애불에서 그 자세를 보이는 듯하나 원각 석불에서는 전무하고 열반상(涅槃像) 또한 볼 수 없는데 다만 이민성(李民宬;1570～1629년)의 「경정집

(敬亭集)」에는 '독락사와불(獨樂寺臥佛)'을 보고 읊은 시가 있으나 과연 열반상인지 알 수 없다. 이상과 같은 원각상의 상형은 마애불이나 금속제 불상에 비하면 다양한 편은 아니다.

사면불

　방주형 석재 사면에 불·보살을 조각한 형식으로 사면불 혹은 사방불이라고 한다. 사면에 무슨 불을 조각하는가는 경전에 따라 약간의 차이가 있다. 아미타불은 서방 극락세계의 주인인 까닭으로 서향한 면에, 약사여래는 동방 유리광(瑠璃光)세계의 교주인 까닭으로 동향한 면에 조각하는 일은 공통된다. 여래상을 독존으로 조각하기도 하지만 협시보살 내지는 여러 권속상을 동반하는 수도 많다.

　　예산 화전리 사면불(7세기초)
　　영주 신암리 사면불(7세기 중엽)
　　경주 굴불사지 사면불(8세기)
　　경주 남산 칠불암 사면불(8세기)
　　문경 사불산 사면불(6세기)
　　그리고
　　계유명 전씨 아미타불 삼존 석상(7세기 후반)
　　기축명 아미타불 급제불보살 석상(7세기 후반)
　　미륵반가 석상(7세기 후반)

등 연기군내 비암사에 있던 석상들(현재 국립 중앙 박물관 소장)이 모두 사면불의 예들이다.

　아마도 중국 서위(西魏)시대에 유행하던 형식에서 영향을 받은 듯하나 우리나라에서는 7~8세기에 걸쳐 유행하던 형식이다.

　예산의 사면불은 납석계 암석 남면에 여래 좌상을 조각하여 주존을 삼은 듯 다른 삼면은 모두 입상인데 예외 없이 머리와 두 손이 결실되는 손상을 입었다. 남면 좌상(현재 높이 약 1.2미터)은 광배를 갖추었고 통견에 상현좌로 대좌를 덮고 있으나 손상이 많다. 옷주름이나 광배의 화염, 연화 조각은 각선이 깊고 예리할 뿐 아니라 백제 조각의 유연한 기품을 유감없이 발휘하였다.

입상 가운데서 동북 양면의 상(현재 높이 1미터, 1.66미터)은 조각 수법이 좌상과 동일하여 자세, 의문, 광배의 연화 어느 것이나 백제 조각의 특색이 발휘되어 있으나 다른 입상은 작을 뿐 아니라 마손(磨損)이 심하다. 이 사면불은 백제 조각 중에서 가장 우수한 작품으로서 백제의 어느 불상보다도 백제 조각의 특색이 유감없이 발휘된 작품이다.

영주 신암리 불상은 높이 약 3미터의 석재에 조각하였는데 다른 3면은 마손과 박락(剝落)이 심하여 윤곽만 남아 있으나 남면의 삼존상만은 분명하여 중존은 큰 육계에 상호(相好)는 방형에 가깝고 두꺼운 통견의를 걸쳤으며 통인(通印)을 결하였다.

좌상인 중존에 대해 입상의 협시보살은 보관을 쓴 긴 상호에 두 손은 앞에서 맞잡고 있으며 천의는 두껍다. 삼존 모두 각각 원형 두광(頭光)이 있는데 고식의 화염문이 있어 육조(六朝)시대 말기의 불상 양식을 보여 주는 점은 인근 지역인 봉화 북지리 또는 영주 가흥리의 마애 삼존상과 상통하는 바 있다.

굴불사 사면불은 서면에 아미타불을 중존으로 하는 삼존 입상을 조각하였는데, 중존의 머리는 별석으로 조각하고 좌우 보살도 별석으로 조각하였으나 우보살상은 손상이 심하고 발 밑에는 각각 연화대를 갖추었다. 상호는 장중하고 몸은 장대하면서도 의문(衣紋)의 각선은 매우 섬세하다. 동면에는 왼손에 보주를 든 약사여래 좌상이 있는데, 상호 불신 역시 모두 장대하며 오른손은 들어서 시무외의 수인을 결한 듯하나 손상을 입었음이 아깝다. 광배는 두광과 신광을 구분하였고 밑에는 연화좌가 있다. 남북 양면에는 보살 입상이 여러 구 조각되었는데 북면의 것은 음각인 점이 특이하며, 남면의 것은 머리를 고의로 떼어 낸 흔적이 있다.

경주 남산 칠불암 사면불은 사면불 뒤에 마애 삼존불이 있어서 칠불암이라는 명칭은 여기서 유래한 것이다. 이 사방불은 각 면에 여래 좌상 1구씩을 조각하였는데 북면의 1상은 하반부가 미완성이다. 모두 무문의 원형 두광을 갖추었고 밑에는 만개한 연화좌가 있다. 상호는 둥글고 법의는 통견이며 전체의 작풍이 단정 온아하다.

비암사에 소장되어 있던 3상은 조각 수법이 동일한 점은 간지로 표시된 연대의 추정과도 일치하여, 연기라는 지역적인 특수성과 아울러 하나의 특정 양식으로 설정할 만한 조상들이다. 더욱이 이들이 백제 유민들의 작품임을 알리는 명문의 각자로 해서 주목되고 있는 점은 앞에서 설명한 바 있다.

연화사 무인명(戊寅銘) 석불상 및 대좌의 앞면(왼쪽)과 뒷면

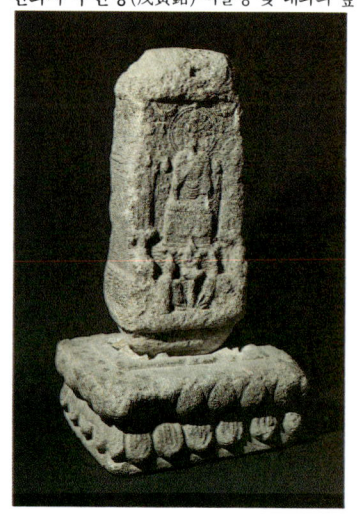
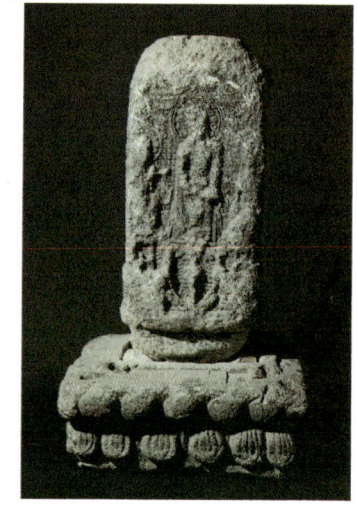

계유명 전씨 아미타상은 단면 장방형의 석재 정면에 보살, 나한, 인왕을 포함하는 칠존을 배치하고 그 배면에 해당하는 공간에는 2중의 주형 광배와 상단 좌우에는 비천, 화불, 당초, 화염, 밑에는 사자 등이 정각(精刻)되었다. 후면에는 상하 4단에 걸쳐 각 단 5구씩의 승속상(僧俗像)을 조각하고 옆에 인명을 음각하였고, 좌우 측면에는 2단에 걸쳐 각각 줄기가 있는 연화 위에서 주악하는 천인(天人)을 조각하였으며, 각 면 최하단에는 200여 자의 명문이 새겨져 있다.

기축명상은 정면 상단이 반원을 이루며 밑으로 내려올수록 폭이 넓어졌고 배면은 밖으로 만곡된 석재를 사용하였으며 조각은 정면에만 있다. 조상은 보계(步階)가 있는 기단 위에 대연지(臺蓮池)에서 대연화가 피어 올라 본존은 그 위에서 결가부하였다. 본존 좌우에는 나한, 보살, 천부, 인왕을 배열하였고 위에는 7불과 5구의 화불이 반원을 그리며 상하에 조각되었다.

미륵반가상은 정면에는 반가사유상 1구를 조각하고 그 밑에 향로를 중심으로 좌우에 공양상을 배치하였고 양측에는 연화좌상에 보살상 1구씩과 그 밑에 무릎을 꿇고 공양하는 상 1구씩을 조각하여 정면과 아울러 삼존을 이루고 있다. 배면에는 2중 기단 위에 보탑(寶塔)을 전면에 걸쳐 크게 조각하였다.

비암사와 가까운 거리에 있는 연화사에도 정면에 아미타오존, 배면에 반가의 미륵삼존, 양 측면에는 중앙에 명문, 위에 여래 좌상 1구, 밑에 卍자형 난간을 조각한 '戊寅年七月七日' 명문이 각자된 사면상이 있어 그 소사 양식 또한 비암사의 여러 상과 동일하다.

이들 비암사와 연화사의 여러 상에 있는 '癸酉年'·'戊寅年'·'己丑年' 등의 간지명은 각각 서기 673, 678, 689년으로 추정되어 7세기 후반기에 집중적으로 조성된 상들임을 알 수 있다.

문경 대승사의 산호(山號)가 사불산인데 앞에서 언급한 바와 같이 사면에 불상이 조각된 돌이 하늘에서 바위 위로 내려온 데서 연유한 이름이다. 과연 산 위에는 10여 명이 앉을 만한 넓은 면이 있는 암반이 있고 그 중앙에 돌이 박혀 있어서 사면에 여래상 1구씩 이 조각되어 있으나 각선은 거의 볼 수 없고 윤곽만이 희미한데 아마도 양면은 좌상이고 다른 양면은 입상인 듯하다. 이 설화의 시기는 「삼국유사」에 의하면 신라 진평왕 9년(587)으로 되어 있으나 실지로 조각한 연대는 그보다 훨씬 뒤가 아닐까 한다.

비상(碑像)

비상은 불상과 비를 겸한 말하자면 불상과 그것에 관련된 비문을 함께 조각한 조형으로서 불상과 비문은 같은 비중을 차지하는 것이 원칙이다. 비상 역시 중국 서위시대에 유행하였으나 우리나라에는 일례가 있을 뿐이다. 즉 계유명 삼존천불비상으로서 비신에 개석을 갖추었고 밑에는 연화 앙련대(仰蓮台)를 비신면에서 반원으로 튀어 나오도록 만들었다.

정면 중앙 하단에 불상을 조각하였는데 연화대 위에 삼존상을 조각하였으나 얼굴에 손상이 심하여 세부를 전혀 알 수 없다. 중존 은 좌상인데 얼굴은 갸름하고 법의는 통견으로 앞에는 반원의 주름 이 평행으로 표현되었으며 방형 대좌에는 상의(裳衣) 자락이 반쯤 늘어져 하반부에서는 대좌의 윤곽이 노출되었고 그 밑에 복련(伏 蓮)을 둘렀다.

양 보살은 원형 앙련대 위에 직립하였고 장신구를 갖추었으며 천의 자락이 앞에서 교차되었다. 삼존 모두 두광을 갖추었는데 보살 은 원광이고, 중존도 원광이지만 특히 밖에 화염문이 있어 중앙 상단이 뾰족하게 위로 솟아 보주형이 되었다. 보살의 머리 위치에서 밑으로 좌우에 각각 종선으로 4행을 마련하고 '癸酉年四月十五日'로 시작되는 비문이 각자되었다.

비문부터 위의 공간, 좌우 측면, 배면 그리고 개석에는 단을 만들고 소불상을 촘촘히 조각하여 그 수가 천 구에 가까운 점으로 보아 천불사상에 의한 조상으로 보인다. 불상 조각에는 삼국기의 양식과 새로운 당 양식이 공존하고 있는 점으로 보아 한국 불상 조각에서 매우 중요한 위치에 있다고 하겠다.

이 밖에 창녕 인양사(仁陽寺)에 탑, 금당, 요사, 종 등을 조성한 기념으로 세운 석비가 있는데 3면에는 비문을 각자하고 1면에는 승상 입상 1구를 전면에 조각한 점으로 보아 비상의 범주에 넣을 수도 있으나 승상과 비문과의 연관은 분명하지 않다. 이와 유사한 조상인 이차돈 석당(異次頓石幢)이 국립 경주 박물관에 소장되어 있다. 5면에는 명문을 조각하고 1면에는 이차돈의 단두 장면이 조각되었다. 이것은 예부터 '당'으로 불러 오고 있으므로 비상과는 다를 것이다.

감불(龕佛)

감불은 감 안에 봉안한 불상을 말한다. 금동제는 상당수 제작한 듯 현존 유품도 여러 점 있으나 석조에서는 오히려 마애불에서 암면을 파서 감형을 만들고 그 안에 들어 있는 듯이 불상을 조각하는 예가 많고 독립된 감을 실치하여 불상을 봉인한 예는 두 기지에 불과하다. 하나는 평양 영명사의 감불이고 하나는 화순 다탑봉의 감불이다.

영명사의 감불은 평면 8각형의 감 안에 안치하였는데 4매의 판석을 위가 안으로 비스듬히 되게 세우고 8각 개석을 얹어서 감을 형성하였다. 감내에는 8각 대좌 위에 여래 좌상을 안치하였으나 머리가 없어졌고 측석(側石)과 불상 대좌 측면에는 불·보살, 천인 등을 조각하여 장엄을 다하였다.

다탑봉 감불은 높은 방형 기단 위 중앙에 판석을 세워 상면을 양분한 다음 좌우에 판석을 세워 ㄷ자형이 서로 등을 대고 붙어 있는 형상으로 구성하고 전후의 개방된 면은 중앙만을 트고 좌우를 막아서 등을 댄 두 개의 감형을 만들었다. 위에는 팔작집 모양의 개석을 덮고 정상에는 굵은 용마루가 올려져 있으나 표면의 장엄은 없다.

이 감 안에는 2구의 석불이 등을 대고 봉안되어 있는데 모두 평면적인 조각이고 남향한 불상의 왼손은 옆에서 들고 오른손은 배에 대었으며 북향한 석불은 비로사나불같이 가슴 앞에서 두 손을 마주 잡고 있다. 이 두 감불은 조성 연대에 상당한 차이가 있으나 모두 고려시대의 것으로서 당대에 유행하던 한 형식을 반영한 것이라고 하겠다.

석굴

석굴 사원은 인도에서부터 중국을 거쳐 한국에까지 전해 온 사원의 한 특수 형식이다. 인도나 중국에는 연장 수킬로미터에 달하는 거대한 암벽을 비롯하여 곳곳에 암산이 있어서 그곳에 장기간에 걸쳐 대소의 석굴이 개착되어 지금까지 조사된 바에 의하면 각각 천여 개소의 석굴이 있다고 하며, 4세기경부터 시작하여 수세기간 유행하였다.

그러나 한국의 경우 인도나 중국같이 대규모의 암벽이 없어 그 조영은 수나 규모에 있어서 양국에 비해 빈약하여 급기야는 인공으로 석굴을 구축하는 방안을 강구하기에 이르렀다. 따라서 굴내의 조각은 인도나 중국같이 다양하지 않고 경주 석불사를 제외하면 삼존을 봉안하는 정도의 간단한 규모이다. 우리나라의 석굴 조영은 그리 많지 않으면서도 7세기 이래 고려시대에 이르기까지 경영되었다.

신선사(神仙寺) 석굴은 경주 교외 단석산(斷石山) 우중골에 높이 약 30미터의 대암석 4개가 기둥처럼 솟아, 서쪽이 개방된 ㄷ자형을 형성하였고 위에는 기와를 이었던 흔적이 있어 자연 암석을 이용한 석굴을 형성하였다. 이 암석 내부에는 높이 약 8미터의 본존을 중심으로 삼존거상을 조각하였고 별도로 반가상과 공양상을 포함하는 소상(小像) 7구와 장문의 명문이 각자되었다.

명문에 의하면 이 삼존은 미륵삼존이며 절은 신선사임을 알 수 있고 반가상을 조각한 배경도 이해할 수 있다. 이 석굴은 김유신 장군이 수도하였다는 '중악석굴'에 비정되기도 하는데 이 석굴이 자연 암반을 굴착한 것은 아니지만 석굴의 형상을 하고 있음은 틀림없다. 대소 여러 상의 조각은 모두 고졸(古拙)하고 암면에 조각한 마애불의 성격을 띠고 있으나 7세기 전반기의 가장 오래 된 석굴 조각의 일례라는 점에서 들어 둔다.

삼화령(三花嶺)은 경주 남산에 위치하여 원래 석실 안에 삼존을 봉안하였던 것이지만 동네 사람들이 양 보살상을 반출할 때에는 석실이 이미 붕괴되어 4벽의 하부만 약간 남아 있었다. 이 석실은 일제시대에 일인 조사자가 고분으로 오인할 정도의 구조를 보이고 있었고, 이 때의 사진에 의하면 굴내는 삼존만을 봉안할 수 있을 만한 좁은 공간일 뿐 다른 시설을 할 만한 여유가 없었을 것으로 보인다.

이 석굴이 소규모의 인공 석실인 점에서 본격적인 석굴과 성격을 달리하고 또 삼존만을 봉안한 소규모라는 점에서는 상이점이 있으나 한국 석굴의 원시형이라는 점에서 주목된다.

이 삼존상은 「삼국유사」의 기록을 참고하면 존명(尊名)은 미륵삼존으로 보이며 양식은 작은 몸에 비해 머리가 크고 미소를 머금은 상호는 천진하여 제주(齊周) 양식을 연상케 하는 점에서 7세기 중엽의 상으로 추정된다.

다음은 팔공산 북쪽에 위치한 군위(軍威)에 있는 석굴이다. 이 석굴은 자연 암벽의 중간 위치에 굴을 굴착하고 따로 만든 삼존석불을 안치하였는데 별도로 계단을 설치하여 오르내리게 하였다. 굴내 구석 후벽에는 후광(後光)을 조각하였으나 과연 처음부터 불상을 봉안하기 위하여 개설하였는지는 분명하지 않다.

굴내에는 암벽과 질이 다른 석재로 조성한 삼존상이 안치되었는데 석질의 차이, 굴내 공간과 석불의 크기와의 부조화 등으로 보아 별도로 조성하여 굴내로 반입한 듯하다. 중존은 방형 대좌 위에서 가부좌하여 옷자락은 대좌를 덮었고 의문은 고조를 띠었으며 상호

군위 석굴의 삼존상

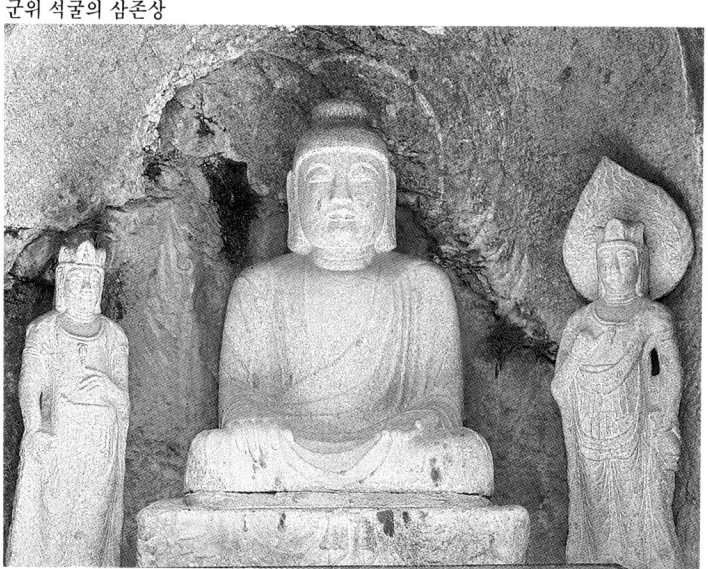

는 방형에 가깝다.

양 보살은 보주형 광배를 갖춘(우보살의 광배는 없음) 장신이며 허리를 꼬고 한쪽 발을 약간 들어서 정면 직립의 자세에서 벗어나고 있다. 장신구나 의문의 표현은 웅건하며 광배의 문양 또한 아름답다. 이 석굴에 관하여는 아무런 유래도 찾을 수 없으나 좌협시의 보관에 화불이 있는 점으로 보아 아미타 삼존임을 알겠고 조성 연대는 7세기말로 추정된다.

이상과 같은 석굴 조영은 8세기 중엽에 이르러 경주 토함산 위에 인공이기는 하지만 인도의 석굴을 재현한 본격적인 석굴이 경영되기에 이른다. 즉 김대성이 불국사와 함께 경영하기 시작한 석불사의 석굴이 그것이다.

이 석굴은 전방후원(前方後圓)의 굴실 평면으로 설계되어 후원의 본굴 중앙에 여래상을 안치하고 주벽에는 천부, 나한, 보살 등 15상을 부조하여 배치하였다. 또 그 위에는 감실을 만들어 보살, 유마거사(維摩居士) 등의 상을 배치하여 인도 제다굴(提多窟)을 축소한 듯할 뿐 아니라 본존 뒤 십일면관음상 앞에는 5층 대리석 탑이 있었다고 하니 한층 더 인도 석굴의 구조를 방불케 한다.

원굴 앞에는 8각 양주가 있어 제다굴 입구의 양주와 같은 의도이며 전실과의 사이 비도(扉道)에는 좌우 벽에 사천왕상을, 전실 좌우 벽에는 팔부중상을 그리고 비도를 등지고 좌우에 인왕을 배치하였다. 이들 원각과 부조의 각 상은 8세기 신라 조각 최성기의 양식을 보여 주어 원숙한 수법이 유감없이 발휘되었다.

각 상은 존명에 맞는 표현으로 해서 성격 묘사에 성공하였으니 특히 나한상에서는 극히 간명한 선을 쓰면서도 나한 각자의 개성을 거의 완벽하게 표현할 수 있었던 조각 기술은 놀랍다.

원굴 중앙에 봉안된 여래 좌상은 굴내의 모든 조상에 비해 수단 높은 아름다움이 표현된 걸작이다. 불신의 비례는 물론 근엄과 자비를 겸비한 불성이 유감없이 표출된 상호, 손끝 발끝에 이르기까지 세심한 손길이 미친 석공의 기술, 대좌와의 적절한 비례 등 신라 조각의 최고봉이며 경덕왕대의 원숙한 신라 문화를 배경으로 한 한국 불교 미술의 절정기의 작품이자 한국 불교 조각의 대표작이다. 석굴 조형의 묘와 시립한 주벽 권속과의 조화는 중앙의 여래상으로 통합되어 굴내를 하나의 청정한 부처의 세계로 만들고 있다.

이상과 같이 7,8 두 세기에 조성된 석굴 불상 조각은 시대를 따라 석굴 자체와 굴내 조각의 양식 변화를 보여 왔지만 그러한 석굴 조영은 고려시대에도 계속되었다. 고려시대에 조영된 현존 석굴은 매우 적은 가운데 중원군 미륵리의 석굴은 대표가 될 만하다. 이 석굴은 현재 상반부가 결실되어 중앙의 입불은 노불(露佛)로 되어 있으나 굴내외 곳곳에 초석이 남아 있는 점으로 보아 위에는 목조 가구가 있었을 것으로 추측된다.

석굴은 치석한 석재로 축조하였고 주벽에는 작은 감실을 여러 곳 개설하여 소불상을 조각한 석재를 끼워 놓았으나 수법은 우수하지 못하다. 굴 중심에는 석조 여래 입상을 봉안하였는데 몇 개의 돌을 쌓아서 석주형을 만들고 머리 위에는 별조의 개석을 올려 놓아서 고려시대 석불의 통식을 따르고 있다. 불상의 조각은 어깨, 허리, 엉덩이, 발 등의 폭이 거의 같아서 입체감이 없는 석주형에서 벗어나지 못하였으나 머리의 조각은 고려시대 양식이 비교적 잘 발휘되어 머리는 나발에 눈꼬리는 길며 다문 입술은 두터워 정적의 분위기가 감도는데 이것은 고려시대 특유의 상호이다.

끝으로 한 가지 첨가하여 둘 것은 고려왕조의 존숭을 받았고 조선시대에 와서 중수의 사실이 보이는 개성 부근 천마산 관음굴(觀音窟)인데 그 안에 반가석상 2구가 봉안되어 있다. 굴은 자연굴에 가깝고 법당은 따로 설치하였던 듯한데 이 점은 경주의 석불사 석굴과 유사하다. 석불은 전형적인 반가의 형태가 아니고 한 발은 늘어뜨리고 한 발은 좌대 위에 세운 송대(宋代)에 유행하던 반가 형식인데 상호는 단아하며 두꺼운 법의를 걸쳤고 몸에는 장신구가 찬란하다. 이 석굴은 해방 후 38도선 이북으로 편입되었고 현재도 휴전선 이북에 있어 해방 후의 사정을 알 수 없으나 아마도 석불은 안전한 듯하고 석굴도 원형을 유지하고 있는 듯하여 참고로 들어 둔다.

이상 한국 석굴 조각의 대표적 예를 열거하였지만 석굴의 조영은 그 후에도 계속되어 여말 선초의 조영으로 보이는 예가 남아 있으니 하동의 이맹굴(理盲窟)이나 사천의 보안암(普安庵) 굴이 그것이다. 이들 역시 인공의 굴이고 조잡한 구조일 뿐 아니라 내부의 불상 역시 졸작이므로 여기서는 설명을 생략한다.

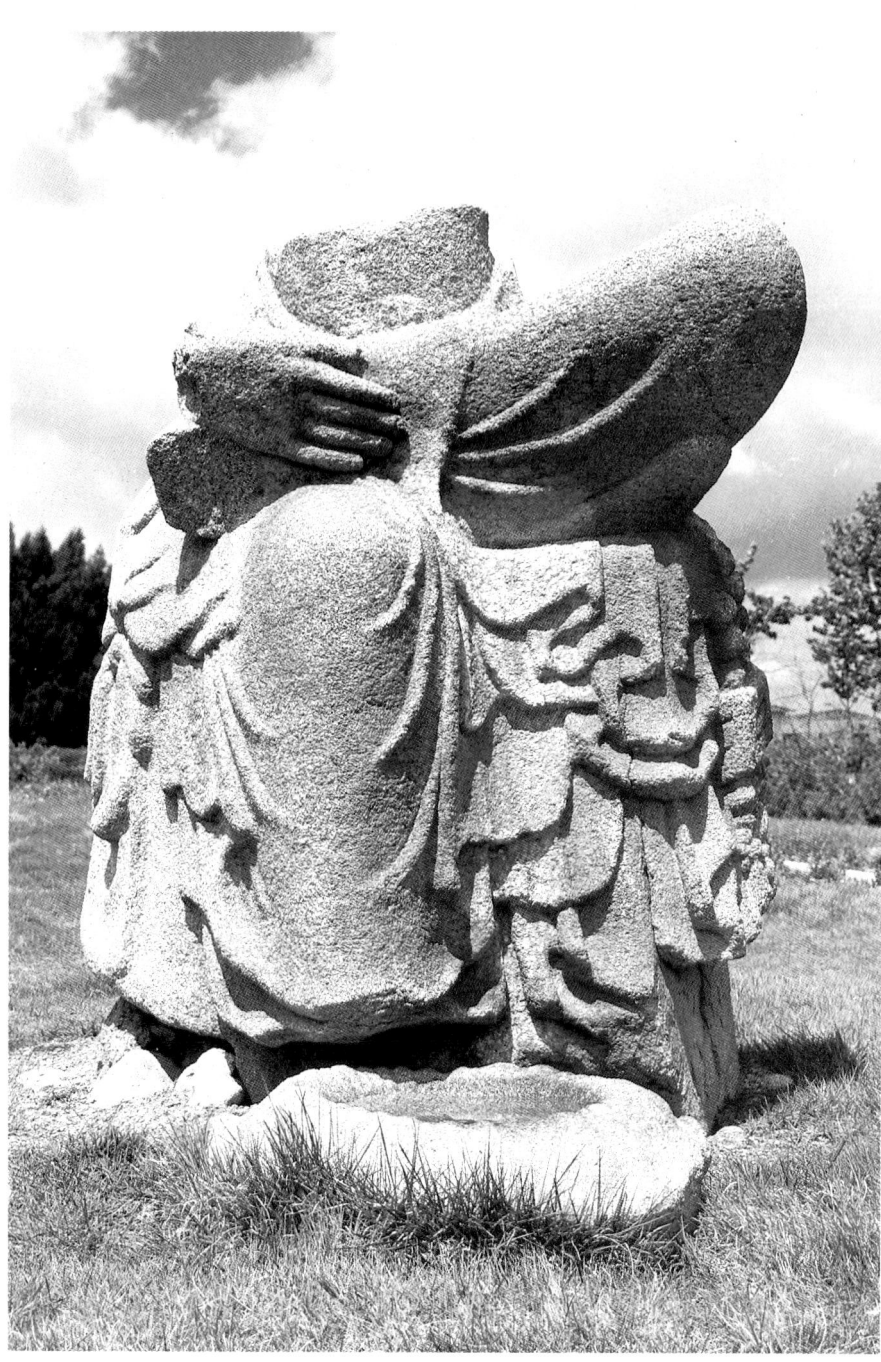

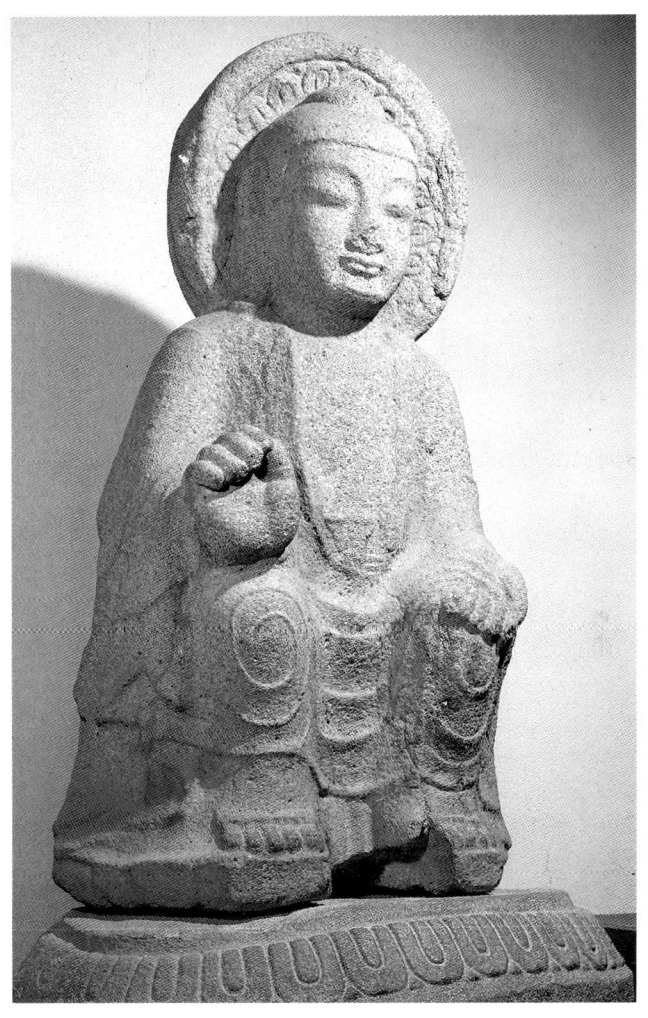

봉화 출토 반가상 현재 경북대학교 박물관 소장으로 원형이 반가상(半跏像)이었을
것으로 추정한다. 복원 높이는 약 2.5미터이며 국내에서 가장 크고 잘 만들어진 원각
상 중의 하나이다.(왼쪽)
삼화령 미륵삼존상의 본존불 이 불상은 원래 경주 남산 삼화령에 있었는데 지금은
국립 경주박물관으로 옮겨져 있다. 두 다리를 앞으로 가지런히 하여 의자에 걸터앉은
의상(倚像)은 원각상, 마애상을 막론하고 우리나라에서는 매우 보기 드문 자세이다.
(오른쪽)

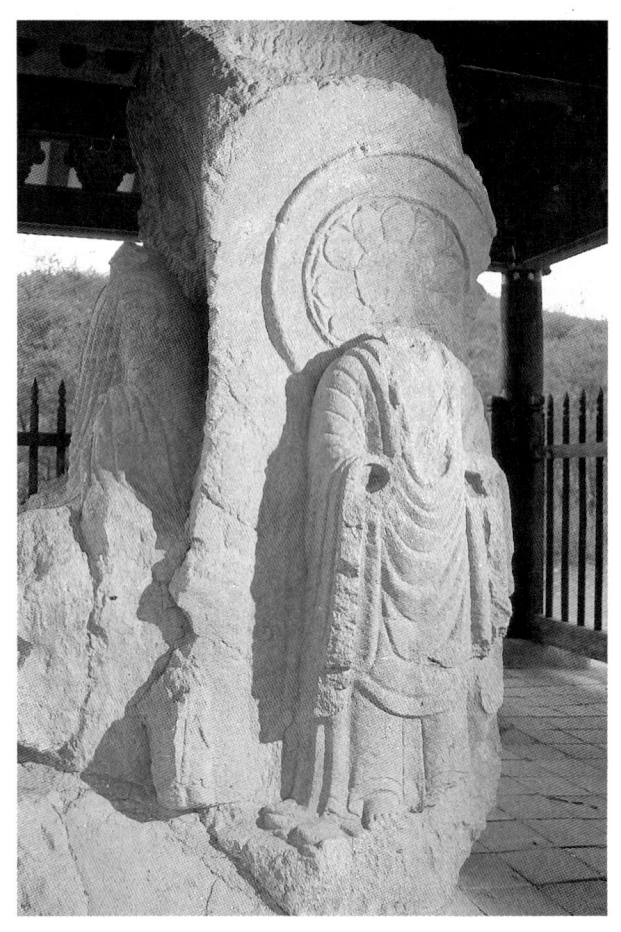

예산 화전리 사면불상 방주형 석재 사면에 불상이나 보살상을 조각한 형식을 사면불 또는 사방불이라 한다. 사면에 조각하는 불상은 경전에 따라 차이가 있으며, 여래상 을 독존으로 조각하기도 하지만 협시보살이나 여러 권속상을 동반하는 수도 있다. 예산 화전리 사면불은 납석계 암석의 남면에 여래 좌상 1구와 사면에 입상을 새긴 것이다.

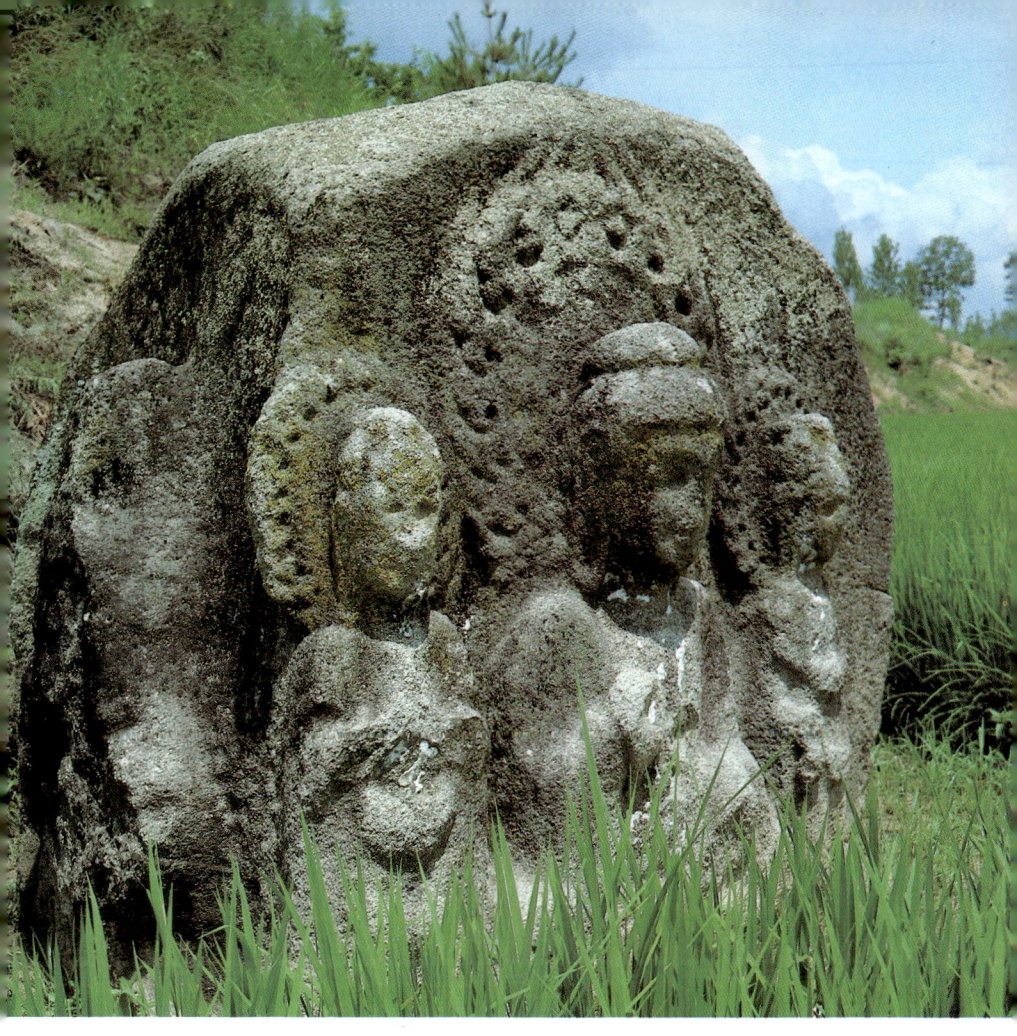

영주 신암리 사면불 높이 약 3미터의 석재에 조각하였는데 남면의 삼존상을 제외하고
는 박락과 마손이 심하여 윤곽만 남아 있다. 삼존상 모두에는 원형의 두광(頭光)이
있는데, 고식의 화염문이 있어 육조(六朝)시대 말기의 불상 양식을 보여 준다. (위)
굴불사 사면불 서면에 아미타불을 주존으로 하는 삼존 입상을 조각하였는데 중존의
머리는 별석으로 조각하고 좌우 보살도 별석으로 조각하였다. (뒤)

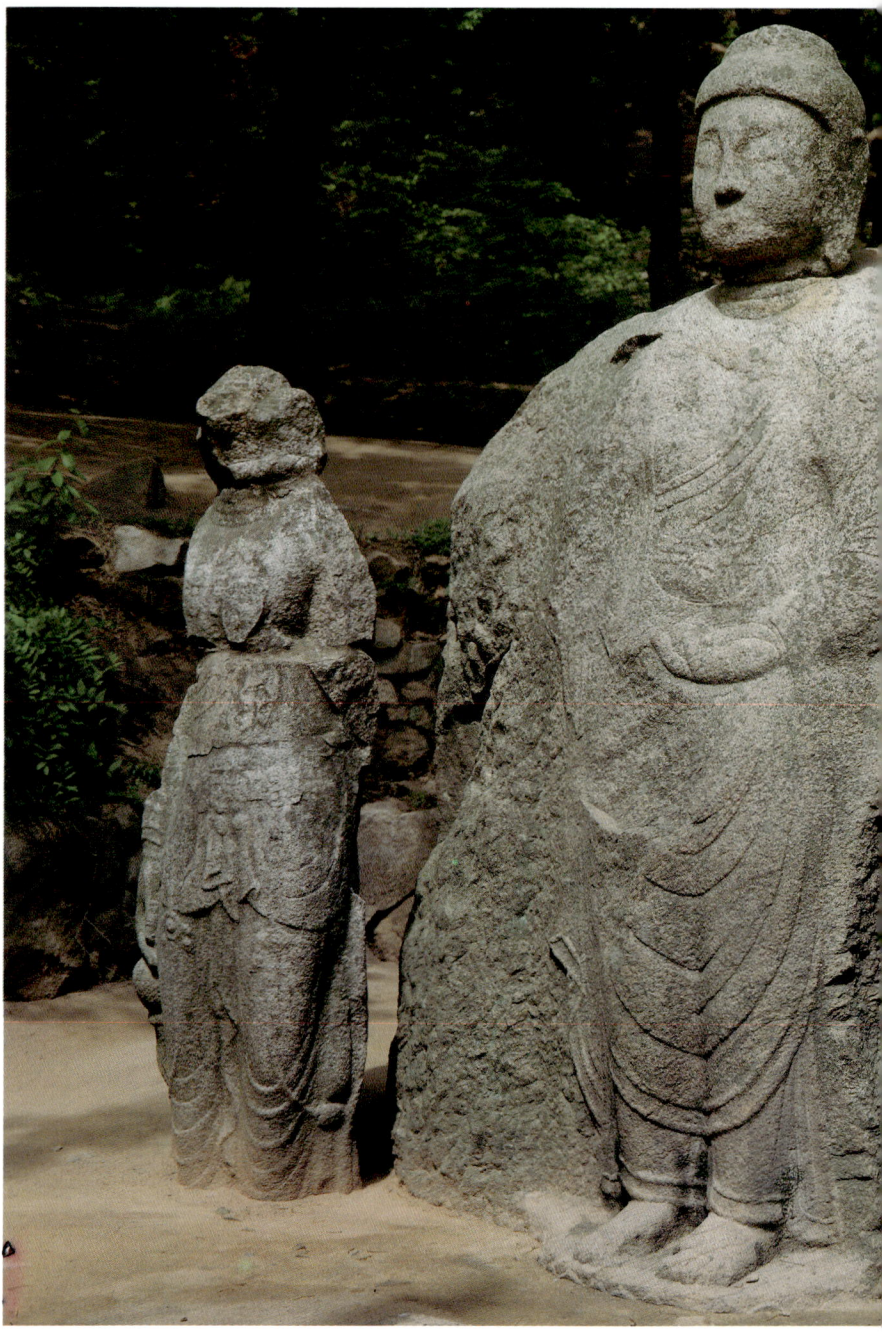

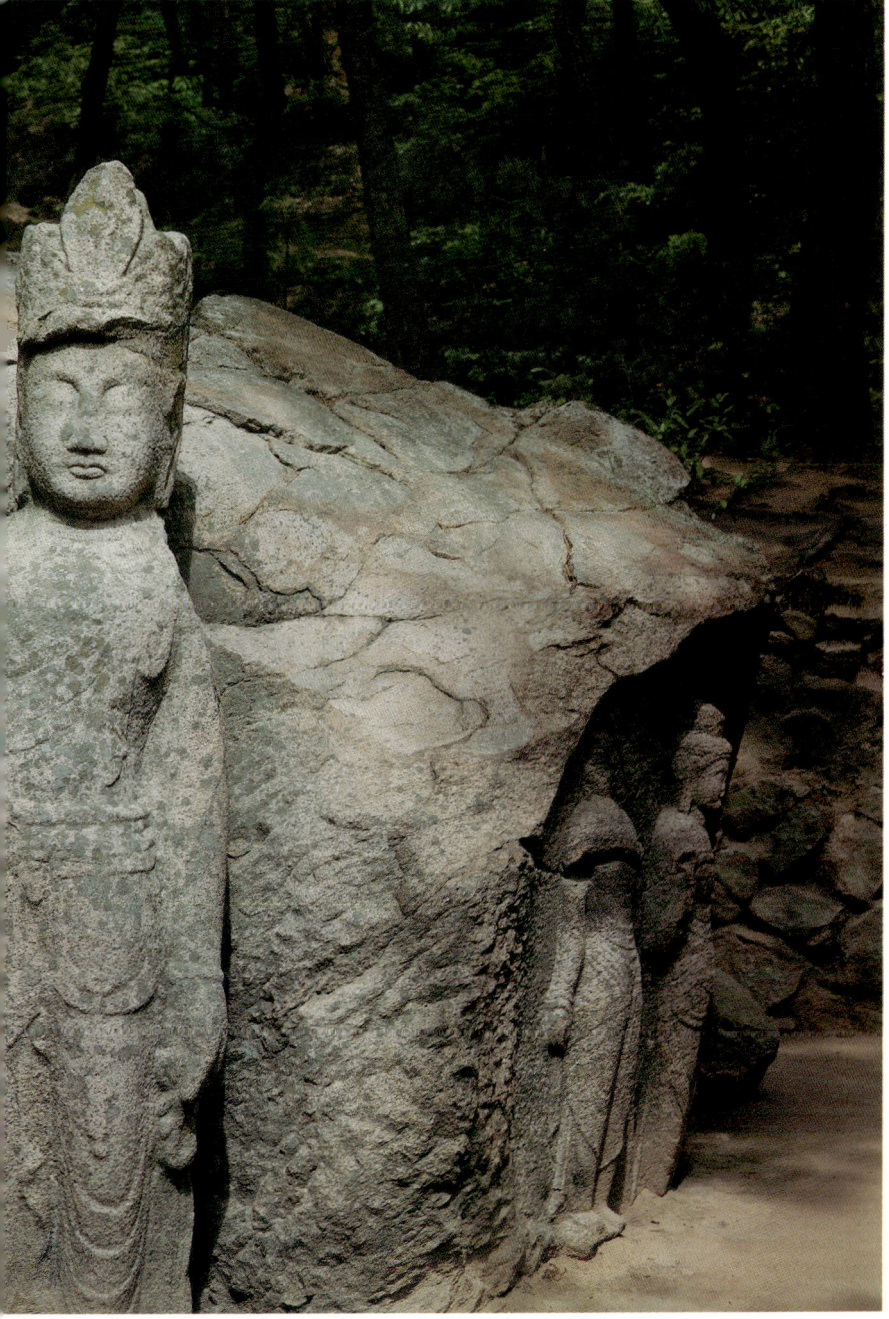

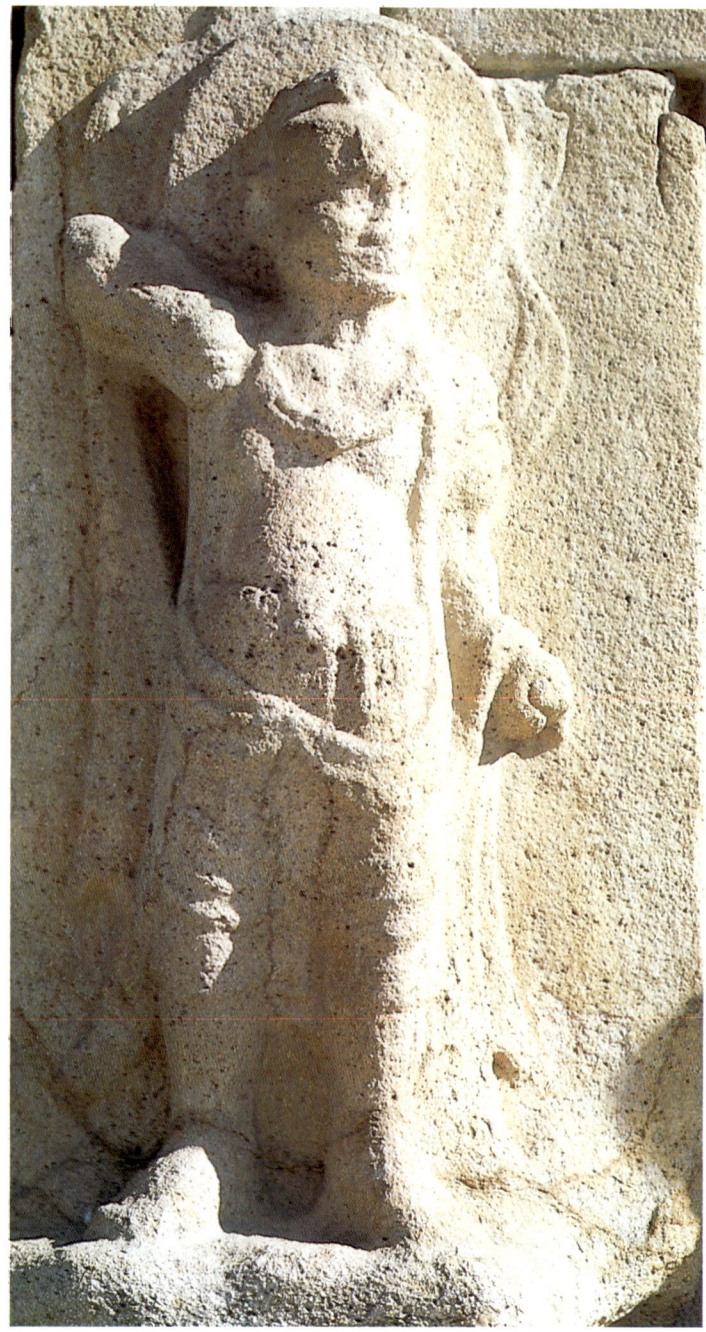

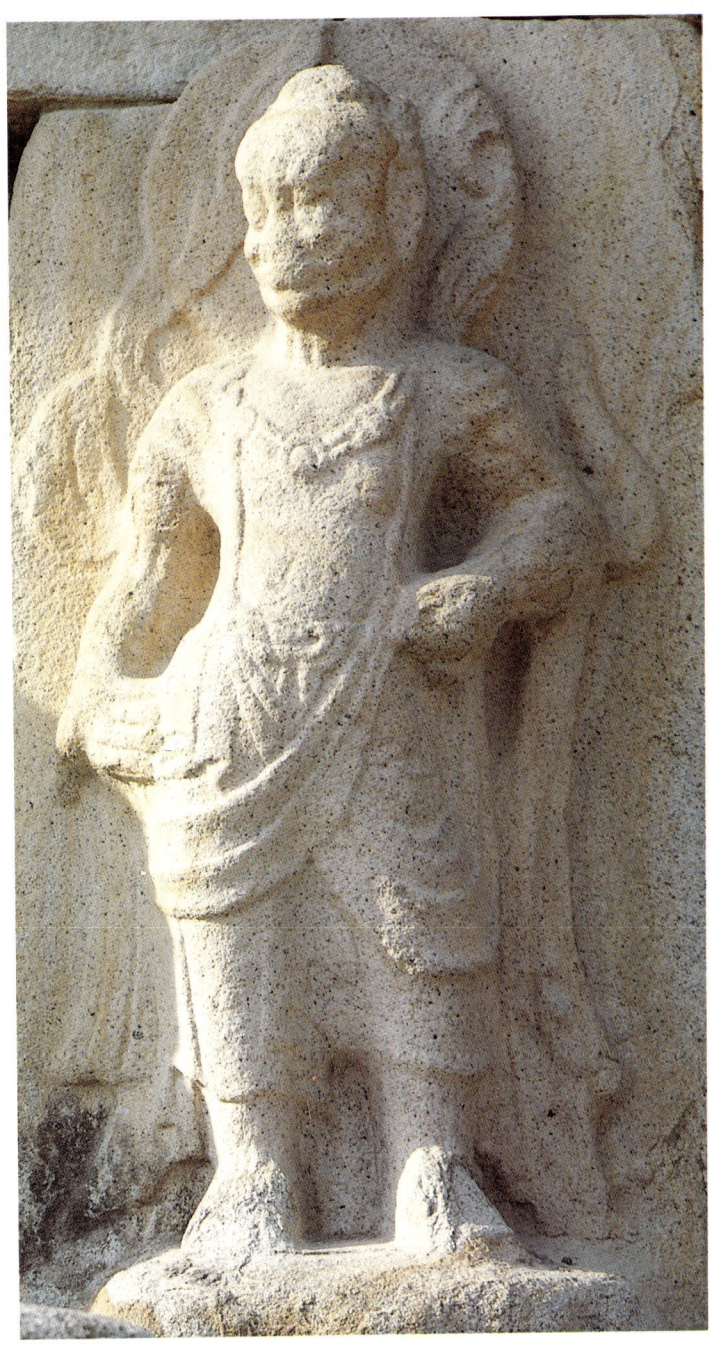

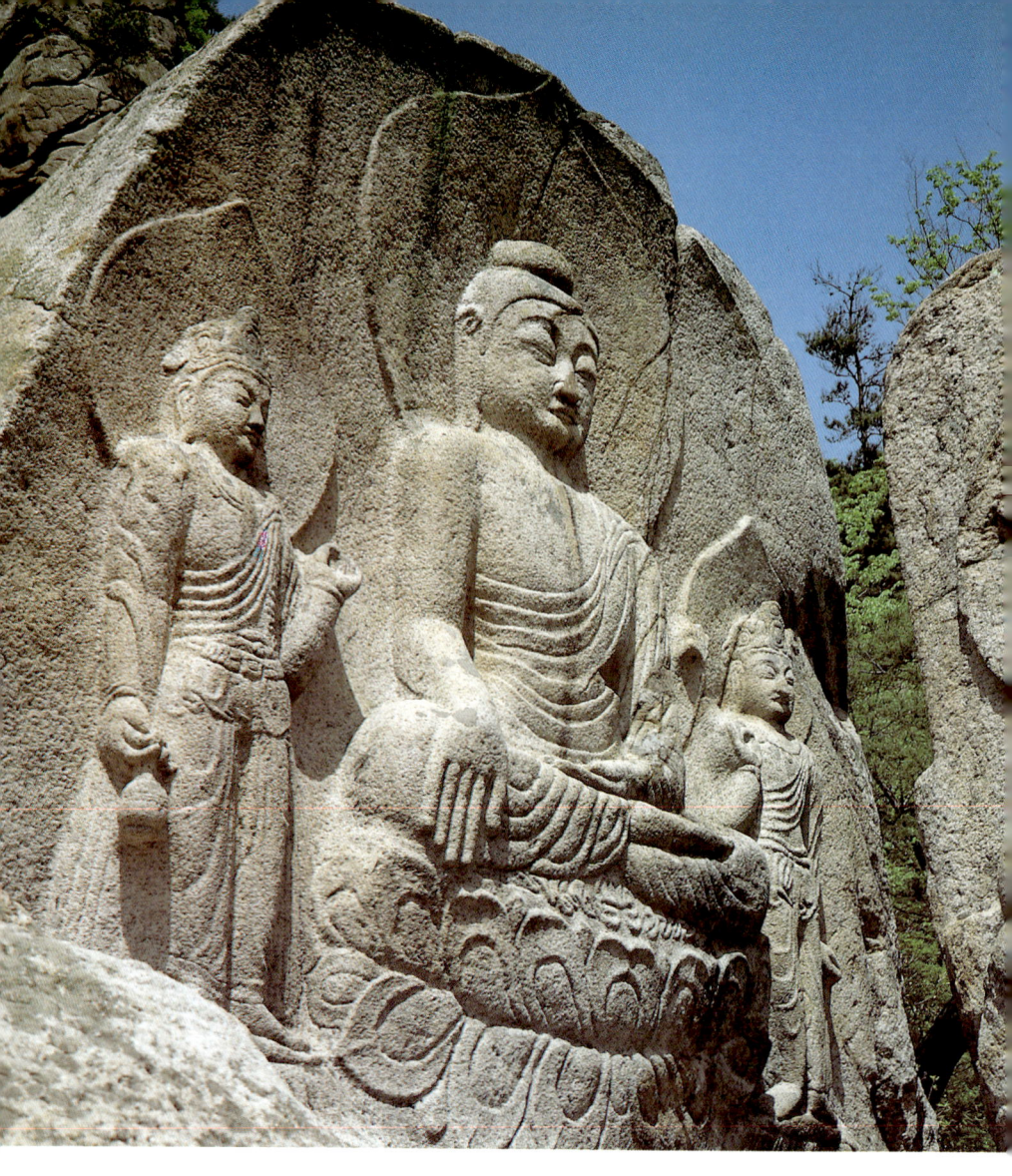

경주 분황사 석탑 인왕상　석탑 감실(龕室) 좌우에 있는 인왕상은 모두 8구이다. 충분
한 입체감과 의문의 양식 등으로 보아 선덕왕 3년(634)에 건립한 석탑과 동시작임이
분명하다.(앞)
경주 남산 칠불암 마애 아미타삼존불　칠불암이라는 명칭은 사방불의 네 부처와 뒤에
있는 암벽에 조각된 이 세 부처를 합해서 붙여진 것이다.(위)

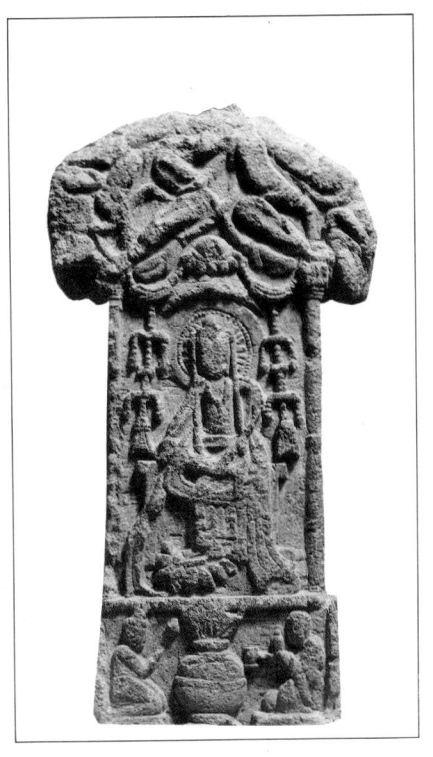

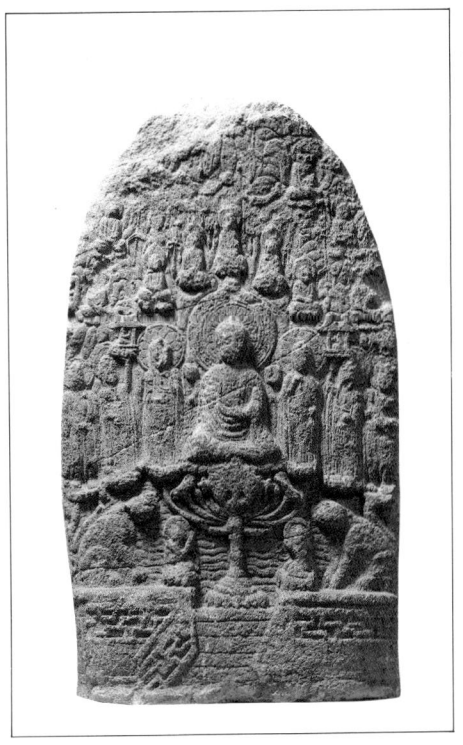

비암사 미륵반가 석상 정면에는 반가사유상 1구를 조각하고 그 밑에 향로를 중심으로 좌우에 공양상을 배치하였다. 양 측면과 뒷면에 모두 조각이 있다.(왼쪽)

비암사 기축명상 정면 상단이 반원을 이루며 밑으로 내려올수록 폭이 넓어졌고 뒷면 은 밖으로 만곡된 석재를 사용하여 정면에만 조각이 있다.(오른쪽)

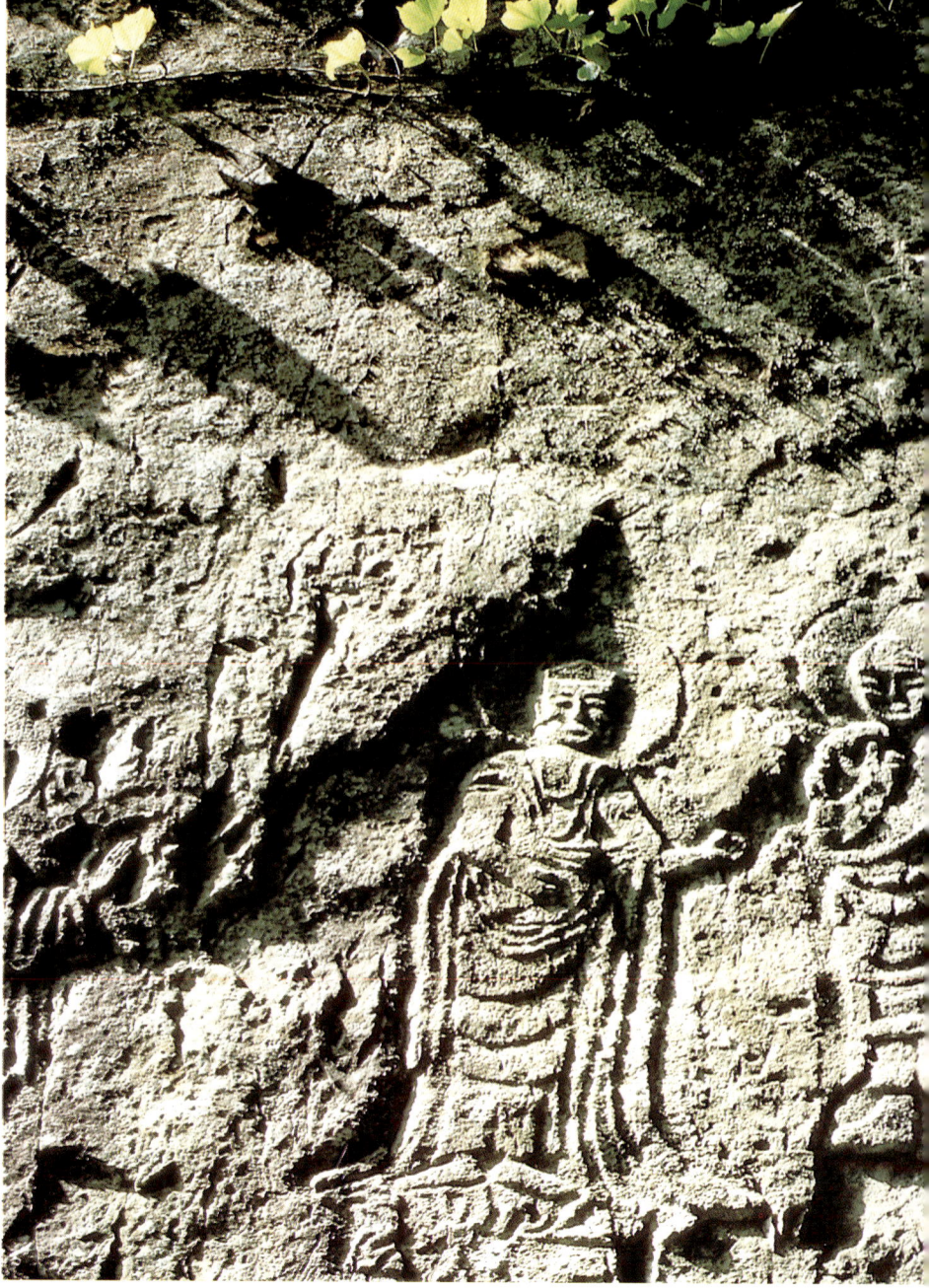

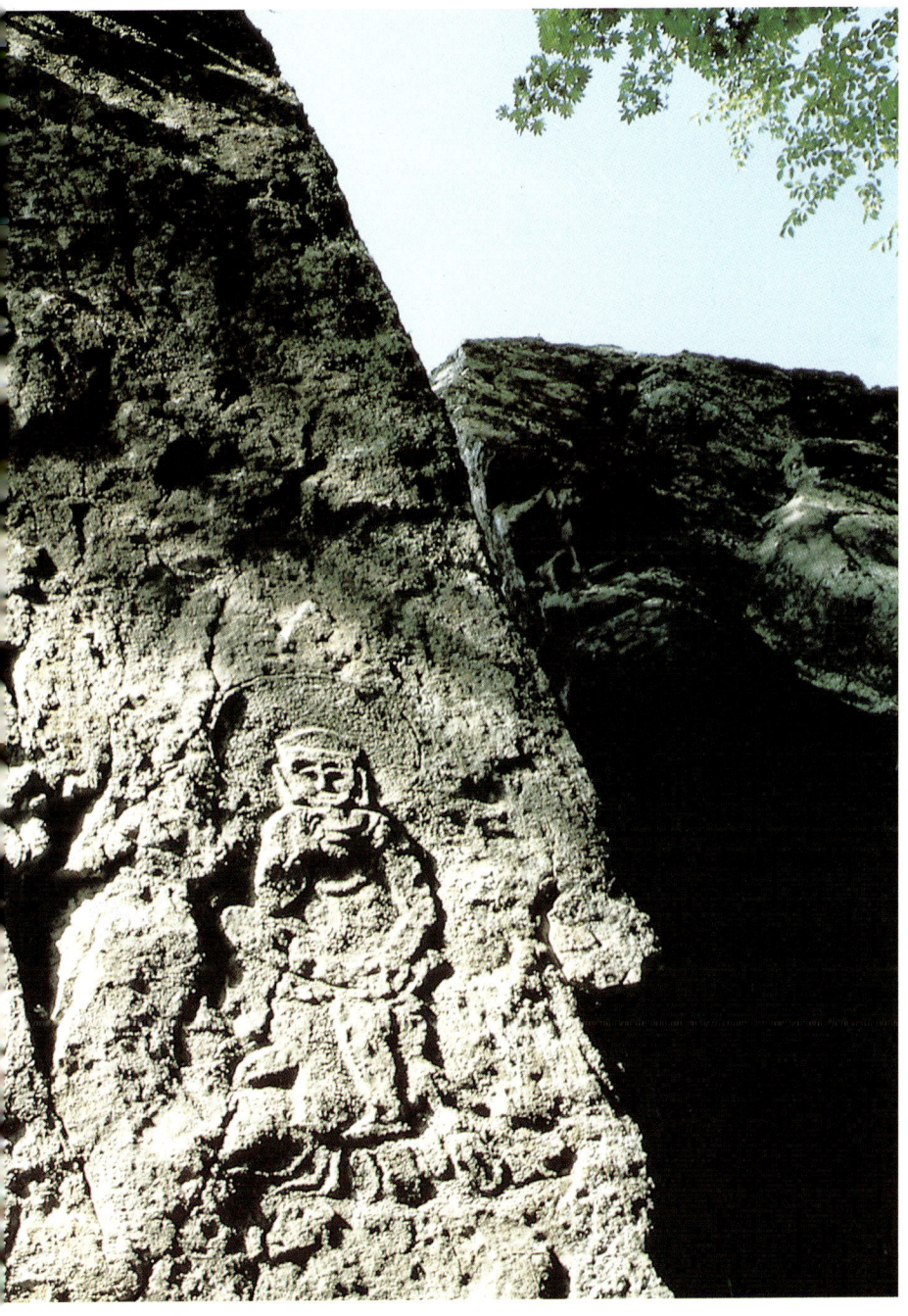

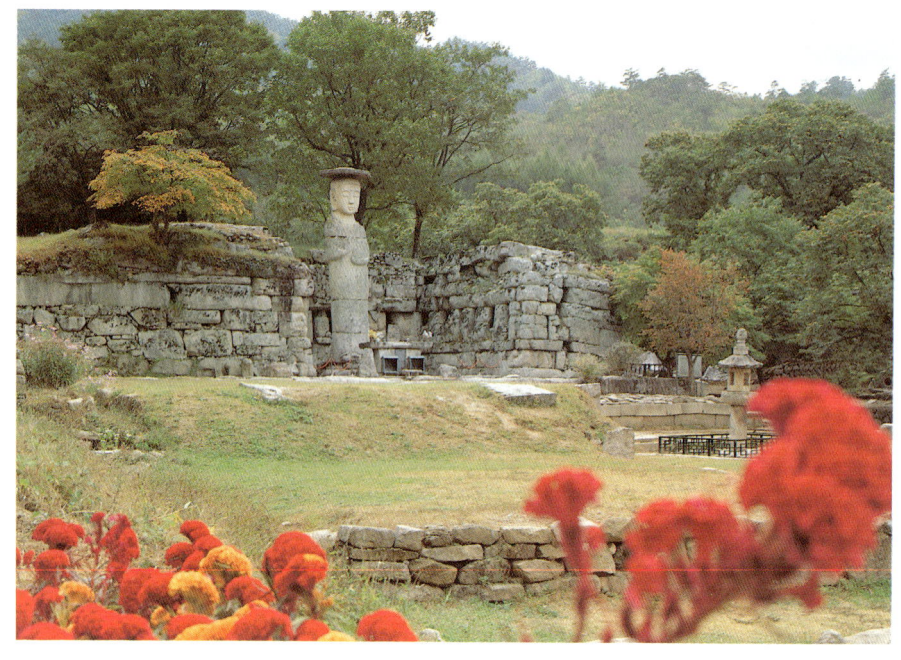

신선사 마애 불상군   경주 단석산에는 약 30미터의 대암석 4개가 기둥처럼 솟아 서쪽
이 개방된 ㄷ자형을 이루었고, 위에는 기와를 입혔던 흔적이 있어 암석을 이용한
석굴을 만들었음을 알 수 있다. 이 암석의 내면에는 높이 약 8미터의 본존을 중심으
로 삼존 거상을 조각하였고, 별도로 반가상과 공양상을 포함하는 작은 상 7구와 명문
이 새겨져 있다.(앞)

중원 미륵리 석굴   고려시대에 조영된 현존 석굴은 유례가 매우 적은데 이 석굴은 그
대표가 될 만하다. 석굴의 상반부는 결실되어 중앙의 석불 입상이 노불(露佛)로 되어
있으나 굴 안팎으로 초석이 남아 있는 점으로 보아 위에는 목조 가구가 있었을 것으
로 추측된다.(왼쪽)

석조 여래 입상   미륵리 석굴의 중심부에 세워진 여래상이다. 상의 전체는 입체감이
없는 석주형에서 벗어나지 못하였으나 머리의 조각은 고려시대 양식이 비교적 잘
발휘되어 머리는 나발에 눈꼬리는 길고 다문 입술은 두꺼워 정적의 분위기가 감도는
데 이것은 고려시대 특유의 상호이다.(오른쪽)

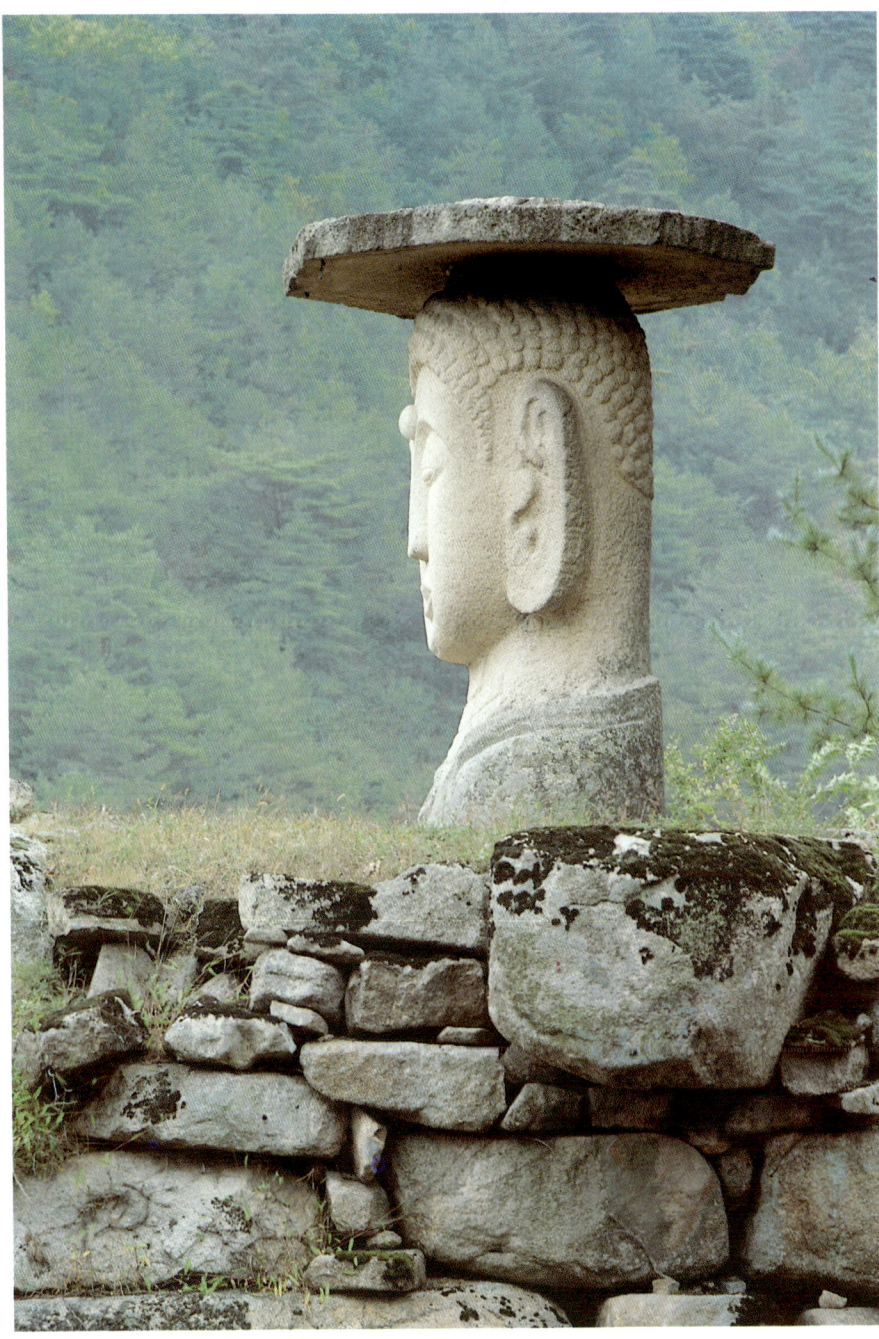

한국 석불의 양식 변천

　우리나라에서는 불교 전래 이후 각종 재료를 사용하여 불상을 제작하였으니 가장 많이 제작한 것이 금동제와 석제였다. 금동은 중국에서 불상이 전래되던 초기부터 불상 제작의 재료로서 소개되었을 것으로 생각되고, 한국 불상의 현존하는 예를 기준으로 하면 석불보다는 금동불의 제작 연대가 앞서고 있는 점에서도 그렇게 추정된다. 더욱이 호신불(護身佛) 같은 소상을 제작하는 데는 석재보다는 금동이 훨씬 용이하였을 것이다.

　그러나 양질의 화강석이 풍부하다는 자연 조건은 석조 불상의 제작을 자극하였을 것이고 그 위에 내구성도 강하여 석조 불상 제작의 비상한 유행을 보게 되어 급기야는 일본에까지 수출하기에 이르렀던 것이다. 금동과 석조의 불상은 제작 과정에서 상당한 차이가 있겠으나 양식에 있어서는 큰 차이가 있을 수 없다.

　이 두 재료 중 어느 것을 쓰건 필경은 한국의 풍토 안에서 한국인의 얼굴을 보고 제작한 것이기 때문이다. 따라서 우리나라 불상 양식을 개괄적으로 설명하는 가운데서 그 양식이 곧 석불에도 통용된다고 생각하면 된다.

우리나라 불상 양식의 변천은 대체로 중국에서의 양식 변천과 같은 과정을 따르고 있다. 그것은 불교 자체가 중국에서나 우리나라에서나 다 같이 외래 종교이고 불상 제작에 관한 의궤를 다 같이 따랐으므로 서로 독자적인 창작이 허락되지 않았고 중국은 항상 선진 문화를 가지고 있어서 우리나라는 그 문화를 수용하면서 중국에서의 양식 변화에 항상 민감한 반응을 보여 왔다. 따라서 중국 불상과 우리나라 불상과의 차이는 민족성이나 모델이 되었던 국민 형질의 차이에서 오는 표현 감각이 달랐을 뿐이다.

이와 같이 우리나라의 불상 양식은 중국 불상의 양식을 무시하고는 생각할 수 없으므로 여기서 간단히 중국에서의 양식 변천을 살펴볼 필요가 있다.

중국 석불의 변천

중국 불상의 양식은 크게 고식 불상 양식, 북위(北魏)시대 양식, 제주(齊周)시대 양식, 당 양식, 송 양식으로 구분되며 각 시대의 양식은 다시 세분할 수 있으나 여기서는 생략하고 다만 우리나라 불상의 양식 변천을 이해하는 데 도움이 되는 범위내에서 개관하기로 한다.

고식 불상 양식이라 함은 '석조 건무 4년명 금동불 좌상(石趙建武四年銘金銅佛坐像, 338년)'을 대표로 하는 불상들로서 대좌는 방형이고, 육세는 크고, 머리카락은 가는 신각으로 표현하고 얼굴은 볼에 살이 적으며 눈은 은행 같고 입가에는 엷은 미소가 있고, 목에는 삼도(三道)가 없고 법의는 두꺼운 통견이며, 가슴에 U자형 옷주름이 반복되었고 두 손은 아랫배에 겹쳐서 대고 있는 등의 양식을 보이고 있다. 이러한 양식의 불상은 4∼5세기경 중국에서 유행하던 양식으로 고구려에 불상이 전래된 시기가 서기 372년임을 감안하면 아마도 이러한 양식의 불상이 전해 왔을 것으로 생각된다.

중국은 4세기 후반부터 남북으로 분열되는 소위 남북조시대(혹은 육조시대라고도 함)가 전개된다. 이 시기에 남조에서 만든 불상은 매우 적으나 북조에서는 여러 가지 재료로 많은 불상을 제작하였고 더욱이 제작 연대를 명시한 명문이 있는 예가 많아서 양식 변화를 추적할 수 있다. 그 대표적인 나라가 북위이다. 북위시대 불상 양식은 다시 몇 시기로 구별되는데, 처음 단계가 태평진군 시대의 불상이다. 태평진군은 북위 무제 때의 연호로 서기 440년부터 450년까지 사용하였다.

무제는 절을 헐고 불상과 불교 서적을 파괴하는 소위 폐불(廢佛)을 하던 제왕으로서 이로 인해 이 시대까지 제작된 불상은 지금은 매우 드문 가운데 다행히 화를 면한 불상이 '태평진군 4년명 금동 입상(太平眞君四年銘金銅立像, 443년)'이다. 복련좌(伏蓮座) 위에 두 발을 약간 벌리고 섰는데 대좌는 네 발이 달린 방형 대좌이다.

육계는 크고 두 볼에는 살이 많아서 건장해 보이며 눈은 은행알 같고 입가에는 미소가 분명하다. 목에는 삼도가 없고 법의가 비교적 얇은데 통견으로 전신을 싸서 어깨, 배, 다리의 윤곽이 분명하고 가는 평행선 의문이 있다. 오른손은 시무외, 왼손은 여원의 통인이고 손가락 사이에 만망(漫網)이 보인다. 고식 불상의 딱딱한 형식에서 벗어나면서 북위 양식으로의 변천이 눈에 띈다.

다음으로 주목되는 양식이 운강(雲崗)석굴에 있는 북위 불상의 양식이다. 운강석굴은 서기 460년경 북위의 담요(曇曜)에 의하여 비로소 개착되기 시작하였고 그 후 왕조가 바뀌면서도 수백 년 동안 계속 불상이 조성되었다. 담요가 조성한 제20굴의 불상은 높이 15미터의 큰 석조 좌상인데 육계는 크고 눈은 은행알 같고 콧날이 섰으며 입가에는 미소를 머금었다.

얼굴에 비해 어깨가 벌어졌고 두 팔도 굵어서 장부다운 건장한 모습이다. 목에는 삼도가 없고 법의는 한쪽 어깨에만 걸친 우견편단(右肩偏袒)인데 얇아서 인체의 표현에 충실하였다. 착실하고 명랑한 작풍은 속에 간직된 힘을 느끼게 하며, 이러한 양식은 분명히 우리나라 불상에 영향을 미치고 있다.

북위는 서기 494년 낙양(洛陽)으로 천도하고 왕도 근처에 용문(龍門)석굴을 경영하기 시작한다. 이 용문석굴의 불상 양식은 우리나라 불상 양식에 많은 영향을 끼쳤으니 고양동(古陽洞)의 조각이 대표작이다. 이곳의 불상은 육계는 여전히 크고 얼굴과 몸에는 살이 빠져서 얼굴은 갸름하고 몸이 키가 커 보이고 날씬하다.

입가에는 완연한 미소를 띠고 목에는 삼도가 없으며 법의는 두껍고 통견인데 좌우로 물고기 지느러미같이 전개되었다. 이러한 법의의 양식은 보살상의 천의에서도 볼 수 있으며 대좌를 덮고 늘어지면서 복잡하게 표현된 옷자락의 주름은 환상적이다. 모든 조형에 좌우 대칭을 이루어서 더욱 신비감에 싸여 있다.

서기 534년 동위(東魏)가 건국되면서 북위는 동위와 서위로 분열된다. 그 중 서위에서는 방주형 석면 사방에 불상을 조각하는 사방불(또는 사면불)과 비문을 겸한 비상(碑像)이 유행하여 우리나라에도 영향을 미치고 있다. 불상 자체의 양식에서는 불신에 살이 오르기 시작하고 의문은 더욱 환상적이 될 뿐 큰 변화는 없다.

동서위는 불과 20년 정도 경과하면서 북제(北齊)와 북주(北周)로 왕조가 바뀌고 불상의 양식에도 변화가 일어난다. 이 시기의 가장 큰 변화는 불신의 변화이니 기에 비해 얼굴이 커지고 몸에는 살이 올라 어린애를 보는 듯한 인상이다. 얼굴은 통통히 살이 찌고 눈을 가늘게 뜨고 입가에 미소가 있어 천진한 아이와 같다. 보살인 경우 장신구에는 원반이 붙어서 이 원반을 중심으로 화려하게 표현된다. 이러한 양식은 우리나라 삼국시대 말기 불상에 나타나는 특징이다.

중국은 6세기말 수에 의하여 통일되나 불과 30년 만에 당왕조가 대신하게 되니 때는 서기 618년 곧 우리의 삼국시대 말기에 해당한다. 당은 중국 역사상 가장 국제성을 띤 문화를 창조한 왕조로서 외래 문화를 과감히 수용하는 과정에서 불상의 양식도 크게 변화하였다.

인도의 불상 양식이 크게 가미되어 몸에는 건강하게 살이 올랐고 얼굴에는 미소가 사라지면서 근엄 단정해졌으며 법의는 얇고 우견편단으로 걸쳐 관능적이고 육감적인 표현으로 흐른다. 대좌는 8각의 상, 중, 하대로 구성된 정형이 고정되었다. 보살은 더욱이 인도 여신상을 닮아서 정면 직립의 자세에서 삼굴(三屈)의 자세로 변하였다. 그러나 이러한 성당대(盛唐代)의 특징은 차츰 쇠퇴하게 되었고 그 양상은 우리나라와 거의 같은 과정을 보였다.

당시대 이후의 불상 조각은 급속하게 쇠퇴하여 요(遼), 송(宋)의 작품이 약간 남아 있으나 양이나 질적인 면에서 도저히 전대에 비할 바 못 되며 다음의 원(元)대에는 라마불상의 양식이 유행하였다. 요, 송, 원의 시대는 바로 우리의 고려시대에 해당하여 송시대 불상의 전래, 원의 공장(工匠)에 의한 조상 등의 사실이 전하나 송대 건칠불(乾漆佛)의 제작이 약간의 자극을 주었을 뿐 석불에서는 그 흔적이 거의 나타나지 않는다.

한편 우리나라에서는 시대에 따라 신앙의 양상이나 표현 기술의 우열에 따라 만들어지는 불상 종류의 차이, 표현 수법의 차이가 생기게 되므로 이러한 점에서 각기 뚜렷하게 다른 특징을 보이는 삼국시대, 통일신라시대, 고려시대, 조선시대의 네 시기로 구분하여 살펴보기로 한다.

삼국시대

삼국시대는 기원전 반 세기경부터 668년 고구려가 신라에 병합될 때까지 약 700년간을 가리키며, 고구려에 앞서 백제는 660년에 신라에 병합되었다. 삼국시대가 정치적으로는 긴 기간에 걸쳐 있지만 불교 국가로서 탑상(塔像)을 제작하던 기간은 이보다 훨씬 짧다. 불교가 이 땅에 전래되기는 서기 372년 고구려에 전래된 데서부터 비롯되었으나 불상이 언제부터 제작되기 시작하였는지는 분명하지 않다. 가령 불교 전래와 거의 같은 시기라고 보더라도 불상을 제작한 기간은 약 300년이 되고 더욱이 석불을 제작한 기간은 현존하는 작례가 7세기에서 더 이상 올라가지 않으므로 약 1세기에 불과하게 된다.

그러나 기록상으로는 6세기초부터 일본에 많은 불상을 보냈으며 특히 서기 584년에는 녹심신(鹿深臣)이 미륵 석상을 백제에서 가지고 갔다고 하였으므로 석불 제작은 현존 유물보다는 앞서 제작되었을 것이고 일본에 보낼 만큼 제작 기술이 발달하기까지의 시간을 감안하면 석불을 제작하기 시작한 시기는 상당히 앞선다고 할 것이다.

우리나라의 삼국시대는 기록상으로는 중국의 한(漢)대부터 해당되나 불상 제작에 관해서는 남북조시대부터 연관을 가지게 된다. 고구려는 북위와, 백제는 남조와 빈번이 왕래하여 제반 문물은 물론 불교 특히 불상 제작에 있어서 양식의 수용이 짙게 나타난다. 특히 금동불에서는 북위 밀기 이래의 양식이 농후히게 나타나고 석불에서는 6세기 중엽 동서위시대 이후의 양식이 나타난다. 이같은 양식에서 중국과의 연관은 금동불에서 보다 더 분명하고 수에 있어서는 열세이지만 백제와 신라의 옛 땅에 전해 오는 마애불 또는 원각의 석불에서는 잘 파악된다.

한편 석불을 포함한 삼국시대 불상은 상호에 나타나는 신비스러운 미소, 좌우 대칭으로 의문(衣紋)이 물고기 지느러미같이 여러 단 전개되는 환상적인 표현, 법의가 밑으로 늘어져 대좌를 덮고 그 위에 좌우 대칭으로 표현된 비사실적 옷주름, 보살 천의 전면에서의 X형 교차, 변화 없는 시무외, 여원의 수인, 운동감이 없는 정면 직립한 자세 등의 양식을 취한다. 그런 가운데서 반가(半跏)라는 더욱 신비감이 감도는 상의 제작이 특히 유행하던 사실은 주목된다.

반가의 자세는 가부좌(跏趺坐)에서 한쪽 다리를 푼, 말하자면 반가부좌의 뜻으로서 왼쪽 다리를 풀어서 늘어뜨리고 왼손으로는 오른발목을 잡으며 오른쪽 팔꿈치를 오른쪽 무릎 위에 고이고 손은 들어서 약간 숙인 얼굴을 받치고 있는 사유의 자세이다. 이 자세는 미래불인 미륵보살이 도솔천에서 하생(下生)하여 부처가 된 후의 중생제도를 사유하고 있는 모습으로 해석하여 '미륵보살 반가사유상'이라 호칭하고 삼국이 모두 미륵보살에 대한 신앙이 돈독하였으나 특히 신라에서는 화랑이 곧 이 미륵보살의 화신이라는 생각까지 하게 되었다.

「삼국유사」에 다음과 같은 이야기가 있다.

"진지왕 때 경주 흥륜사에 진자(眞慈)라는 중이 있었는데 매양 미륵상 앞에 나아가 미륵대성이 화랑으로 현세에 나타나면 내가 가까이서 받들어 모시겠다고 비는 마음이 날이 갈수록 돈독해졌다. 하루는 꿈에 중이 나타나서 '네가 공주 수원사에 가면 미륵선화를 뵈올 수 있을 것이다'라고 하였다. 진자가 놀라 꿈을 깨서 10일쯤 걸려서 그 절을 찾아갔는데 일보 일례하면서 절 문에 이르자 한 아해가 반가이 맞이하며 방으로 인도하였다. 진자가 방에 들어가 아해에게 '그대는 평소에 나를 알지 못하는데 어찌하여 이같이 은근히 대접하는가?' 하니 아해가 '나 역시 서울 경주 사람인데 스님이 멀리서 오신 것을 위로할 따름이다'라고 한 다음 나간 뒤 돌아오지 않았다.

진자는 우연한 일이거니 생각하여 이상하게 여기지 않으면서 중과 꿈 이야기를 하면서 미륵선화를 만날 때까지 잠시 머무르기를 청하였다. 중은 이야기가 허망하나 태도가 하도 은근하므로 '여기서 남쪽으로 가면 천산(千山)이 있어서 자고로 어진 사람이 살고 있다고 하니 그곳에 가보라'고 권했다. 진자가 그 말을 따라 산 밑에 이르니 산신령이 노인으로 변하여 나와 맞으며 온 연유를 묻자 미륵선화를 보러 왔다고 하니 노인이 '앞서 수원사 문 밖에서 미륵선화를 만났으면서 다시 무엇을 구하러 왔는가?' 하였다. 진자는 놀라 땀을 흘리며 흥륜사로 돌아왔다.

한 달쯤 지나자 진지왕이 ㄱ 이야기를 듣고 진자를 불러 묻고 나서 '그 아해가 자기가 서울 사람이라고 하였으니 성인은 거짓을 말하지 않을 것이므로 성 안에서 찾아 보라' 하였다. 진자가 왕명을 받들고 무리를 모아 장안을 두루 다니며 찾았다. 한번은 영묘사 북쪽 길가 나무 밑에서 수려하게 생긴 아해가 놀고 있는 것을 보고 이 아해가 바로 미륵선화라고 생각되어 집이 어디며 이름이 무엇인가를 물었더니 대답하되 '나의 이름은 미시(未尸)인데, 어려서 부모를 잃어서 성은 모른다' 하였다.

진자는 드디어 아해를 업고 궁중에 들어가 왕에게 뵈오니 왕도 매우 사랑하여 국선(國仙)으로 받드니 무리들과 화목하고 예의 바르기가 보통 사람들과 달랐다. 세상을 빛내다가 7년 만에 홀연히 간 곳을 모르게 되었다."(권3, 彌勒仙花條)

또 다음과 같은 이야기도 있다.

"술종공(述宗公)이 삭주 도독사(朔州都督使)가 되어 떠나려 할 때 마침 병란이 있어 기병 3천으로 호송하게 하였다. 일행이 죽지령(竹旨嶺)에 이르자 한 거사가 있어서 고갯길을 평탄하게 닦아 놓았다. 공은 이를 아름답게 여겼고 거사도 공의 위엄을 아름답게 여겨 서로 뜻이 통하는 바 있었다. 공이 임소에 도달하여 한 달쯤 지난 뒤에 거사가 방으로 들어오는 꿈을 꾸었는데 부인도 같은 꿈을 꾸었다. 공이 크게 놀라서 다음 날 사람을 보내어 거사의 안부를 물었더니 돌아와 거사가 며칠 전에 죽었다고 하였는데 꿈을 꾼 날과 같은 날이었다. 공은 '거사가 우리집에 태어난 것이다'라고 하면서 다시 사람을 보내어 장례 지내고 무덤 앞에 돌미륵 1구를 만들었다. 부인은 꿈을 꾼 날부터 임신하여 아들을 낳아 이름을 죽지(竹旨)라 하였고 자라서는 벼슬에 나아가 유신공의 부사가 되어 삼한을 통합하였다."(권3, 竹旨郞條)

동시에 삼국시대 사람들은 내세에 성불할 것을 약속 받은 신비로운 존재인 미륵보살을 반가사유의 형태로 표현하였는데 과연 그 상용부터 내재해 있는 신비로운 불성이 표출되어 삼국시대 사람들의 신앙의 향방을 짐작할 수 있게 한다.

그러면 현존하는 삼국시대 석불의 예를 통해서 그 특징을 보기로 한다. 먼저 고구려의 석불은 수가 적어서 겨우 두 예를 들 수 있다. 하나는 평양 부근에서 출토되었다고 전하는 높이 12.5센티미터의 좌상으로 일제시대 평양박물관에 진열되어 있었다. 지금 광배의 대부분과 머리를 잃고 있으나 목에는 삼도가 없고 법의는 통견인데 방형의 대좌를 덮어 상현좌(裳懸座)를 이루었다. 두 손은 손등을 밖으로 하여 배에 대었고 광배는 주형(舟形)이다. 이 석불의 양식은 평양 부근 청암리(淸岩里)사지에서 출토된 소조 불좌상의 양식과 매우 유사하다.

또 하나는 만주 길림성 반랍성(吉林省半拉城) 출토라고 전하는 이불병좌상이 일본에 소장되어 있다. 이 병좌상은 두 상의 광배와 법의의 형식에 약간의 차이가 있을 뿐 육계가 크며 얼굴에는 미소를 띠었고 대좌를 덮고 늘어진 옷자락에는 대칭되는 의문이 있고 보살 상의 천의는 앞에서 X형으로 교차되는 등 삼국시대 양식이 분명하다고 본다.

두 상은 같은 대좌 위에 결가부하였고 좌협시는 보살 입상이고 우협시는 나한상이다. 배후의 주형 광배가 중간부에서 겹쳐져서 상단이 갈라졌는데 상하 2단으로 구분하여 상단에는 2구, 하단에는 3구의 화불(化佛)이 있다. 이와 같은 양식과 발견 지점을 아울러 고려할 때 고구려에서 제작한 불상으로 추정하게 되었던 것이다.

다음 백제의 작례(作例)는 고구려에 비하여 월등히 많이 남아 있다. 거작으로는 예산 화전리의 사면불을 들어야 하겠고(높이 남면 좌상 약 167센티미터, 동면 입상 약 167센티미터, 서면 입상 약 66센티미터, 북면 입상 약 190센티미터) 원조상으로는 익산 연동리의 좌상(불상 높이 169센티미터, 광배 높이 448센티미터)을 들어야 하겠다.

연동리 석불은 결실된 머리를 새로 조성하였고 몸에도 많은 손상을 입어서 볼품이 없으나 원각 좌상으로는 백제 최대의 거상이다. 통견인 법의 의문은 무릎 사이는 반원을 그려서 고식을 보이나 별조의 방형 대좌를 덮고 늘어진 상현좌의 의문은 간략한 편이다. 배후에는 한 돌로 된 광배가 있는데 그 중앙에는 원규형(円圭形)의 신광을 양신으로 구획하고 그 상단에는 연화 두광을 따로 표시하였고 좌우에는 화염보주(火焰寶珠)를 배열하였다.

신광 주변에는 화염문을 대담한 솜씨로 음각하고 그 사이에 7불을 배치하였다. 이 석불은 규모로 보아 굴지의 대작이며 특히 복원치(復原値) 5미터 가까운 일매 판석으로 광배를 조각한 석조 기술 또한 매우 놀랍다. 불상의 양식도 고졸하면서도 대담하고 간명하면서도 힘이 넘쳐 백제 미술의 진수를 보여 주는 듯하다.

부여에서 남으로 떨어진 정읍군 신천리(新川里)에 백제 석불 입상 대소 2구(높이 2.56미터, 2.27미터)가 있어 주목을 끌고 있다. 발 밑에는 원통형의 돌기가 붙어 있어 이색적이고 머리는 체발(剃髮)에 육계는 크고 존용은 방형에 가까우며 입가에는 미소가 희미하게 보이나 풍화가 심하다. 더욱이 두 눈은 인위적인 손상을 입어 자세한 점을 알 수 없으나 서산군 태안면 마애불의 얼굴과 유사하다. 목에는 삼도가 희미하게 보이고 법의는 삼국시대 불상으로는 드물게 우견편단이다.

둘 다 왼손은 가슴까지 들어서 여원인을 결했으며 큰 상의 오른손은 옆으로 늘어뜨렸으나 작은 상의 오른손은 절단되었다. 모두 풍화가 심하여 선이 분명하지 않지만 왼손을 거쳐서 늘어진 법의의 선은 간략하나 사실적이다. 두 발은 앞을 향하였고 발목에 군의(裙衣) 자락이 보인다. 백제의 불상이 수도에서 남쪽으로 떨어진 곳에서 발견된 예가 드물었다는 점에서 뿐만 아니라 이 석불 자체의 양식 또한 주목되는 바 있다.

소상(小像)으로는 부여읍 군수리 사지에서 발견된 납석제 여래 좌상(높이 13.5센티미터)이 있다. 무문의 방형 대좌 위에 결가부하였고 머리는 체발이고 육계는 우뚝하다. 얼굴에는 살이 올랐고 눈두덩이 두터워 밑을 보고 있는 듯하며 입가에는 미소를 머금고 있다. 법의는 두껍고 옷깃은 특히 굵게 표현하였다. 의문은 무릎 사이에서 반원을 반복하며 계속 대좌를 덮고 늘어져 좌우 대칭의 고식 의문이 조각되었다. 두 손은 손등을 밖으로 하여 가슴 아래에 대어 역시 한국 초기 불상의 양식을 보여 준다.

한편 부여 부소산에서 발견되었다는 납석제 반가상(현재 높이 13.3센티미터)이 주목된다. 이 상은 불행히 허리에서부터 상반신을 잃었으나 배면까지 충실히 조각한 원각상이다. 허리는 매우 가늘고 허리 밑으로 오른쪽 다리와 발목을 잡은 왼손이 간신히 남아 있다. 손 밑으로는 늘어진 왼쪽 다리의 윤곽이 보이고 좌우 측면에는 비대(紕帶)가 늘어져 있다.

둥근 대좌를 덮고 늘어진 상의(裳衣)에는 대칭되는 의문이 보이고 특히 배면에서는 대좌 위의 앙련과 좌우 측면으로 늘어진 천의 자락, 그리고 상의의 대칭되는 의문이 선명하게 보인다. 비록 소상이고 상반신을 잃었지만 백제시대 원각 반가상의 양식을 대표할 수 있는 작품이라고 하겠다.

이 밖에도 익산 태봉사(胎峯寺) 삼존 석상(본존 높이 1미터)은 일석으로 삼존과 광배를 조성하여 삼국시대에 유행하던 일광(一光)삼존의 형식을 갖추었다. 근래에 표면에 호분을 두껍게 발라서 세부를 알 수 없게 되었으나 본존은 여래 좌상이고 좌우에는 보살과 나한이 시립하였는데 모두 원광을 갖추었다. 본존은 방형 대좌 위에 결가부하였고 오른손은 무릎 위에 얹고 왼손은 가슴까지 높이 들었다. 삼존의 배후에는 커다란 광배가 있어 일광삼존의 형식이 뚜렷하다.

또 부여시내 정림사지에서는 납석제 삼존상(현재 높이 11.4센티미터)이 크게 손상을 입은 상태로 발견되었다. 이 삼존상은 우협시 입상의 발과 대좌, 본존의 하반신, 좌협시의 불신(佛身)을 남길 뿐이지만 우협시상에서 보이는 옆으로 크게 확대되면서 대좌 밑까지 늘어진 천의 자락, 본존의 두꺼운 법의와 철저한 좌우 대칭의 의문, 좌협시 천의 자락의 전면에서의 X형 교차, 삼존 밑에 조각된 백제 특유의 양식을 보여 주는 앙련 등은 서산군내에 있는 용현리 마애 삼존불과 매우 유사한 양식이면서도 오히려 고식임을 느끼게 한다.

끝으로 청원군 비중리(飛中里)에서 발견된 석조 삼존상(보살상

높이 83센티미터)은 우협시보살, 중존의 머리를 포함한 두광, 그리고 중존의 불신 3편인데 파손되었다. 본존은 마손이 심하여 세부를 알기 어려우나 동심원의 두광을 갖추었고 외곽의 거신광(擧身光)에는 화불(化佛)을 조각한 좌상으로서 좌우에 협시보살 입상이 있었으나 좌보살상은 없어지고 우보살상만 완전한 상태로 남아 있다. 머리에는 무문의 큰 원광이 있고 얼굴은 약간의 손상이 있으나 짧은 목걸이, 통인인 듯한 두 손, 천의의 X형 교차, 두꺼운 상의 등 삼국 시대 양식이 분명하다. 다만 소속 국가에 관해서는 고구려 작품과 백제 작품의 양론이 있다.

고신라 석불은 수는 많지 않으나 그 중에는 중요한 불상이 포함되어 있다. 첫째 경주 남산 삼화령의 미륵삼존이 있다(본존 높이 160센티미터, 보살 높이 100, 90.8센티미터). 이 불상은 우리나라 유일의 의상이라는 점과 중국의 북제(北齊), 북주(北周)의 양식이 뚜렷이 나타나 있는 점에서 주목된다.

다음의 대작으로는 경주 배리(拜里)의 삼체석불을 들 수 있다. 이 석불은 현재 삼존의 형식을 이루고 있으나 원래 현위치에서 골짜기로 약간 올라간 자리에 따로따로 넘어져 있던 것을 옮겨 세운 것이기에 원래부터 삼존을 이루고 있었는지는 분명하지 않다.

우보살은 큼직한 삼면관을 썼고 얼굴은 둥글며 눈과 입에 미소가 가득하다. 짧은 목에는 삼도가 없고 굵지만 짧은 목걸이를 걸었으며 좌우에서 영락이 길게 늘어져 발목까지 내려온 모습이 무거워 보인다. 왼손은 어깨까지 들었고 오른손은 옆에서 영락을 잡았는데 천의는 두 팔을 거쳐서 좌우로 늘어졌다. 앞에는 상의의 주름이 있고 허리에서 늘어진 듯한 영락이 별도로 좌우에서 늘어졌다. 원형 두광에는 화불 5구가 있고 대좌는 앙련과 복련이 연접되었다. 상의 높이는 2.36미터의 대작인데 광배와 대좌를 모두 1석으로 만들었다.

여래상은 나발(螺髮)에 얼굴에는 살이 많고 눈과 입을 통하여 미소를 보이고 있다. 목에는 삼도가 없고 넓은 어깨에 통견의를 걸쳐 법의가 시무외, 여원의 통인을 결한 두 팔을 거쳐서 늘어졌다. 의문은 앞에서 반원의 양각선이 반복되면서 늘어졌을 뿐 간략하다. 그리고 광배는 거신광이고 대좌는 자연석으로 후에 보충하였다.

좌보살은 삼면관을 썼고 다른 상에 비하여 눈, 코, 입이 작으나 미소는 분명하다. 목에는 삼도가 없고 어깨는 넓으며 목걸이가 있는 듯하다. 전면(前面)에 마손이 있으나 두 팔과 앞에서 늘어진 천의는 분명하여 오른손은 가슴까지 들었고 왼손으로는 옆에서 보병(寶瓶)을 든 모습이 보인다. 원형 두광은 있으나 문양은 없고 대좌는 자연석을 대용하였다. 이상과 같이 양 보살의 작풍에서 약간의 차이를 보이지만 3상이 모두 고식을 따르고 있는 점에서 고신라 말기의 작품으로 추정된다.

한편 국립 경주 박물관에 입상(높이 86센티미터)과 좌상(높이 91센티미터)의 소석상 2구가 소장되어 있다. 대좌와 광배를 1석으로 조성하였고 얼굴에는 미소를 띠었으며 법의는 두꺼운 통견에 수인은 통인인 점 등 모두 동일하다. 광배는 상을 조각한 여백이 자연히 광배가 되었을 뿐 특별한 조식(彫飾)은 없는 듯하나 입상은 약간의 가공이 보인다. 입상 발 밑에는 연화가 있고 좌상은 의단이 늘어져 상현좌를 이루었다. 소상이면서도 삼국기 양식이 잘 남아 있는 귀여운 상이다.

끝으로 경주 분황사 석탑 감실(龕室) 좌우에 있는 인왕상(仁王像) 8구가 수복된다. 이 상은 비록 배면을 볼 수 없지만 충분한 입체감과 의문의 양식 등으로 보아 선덕왕 3년(634) 건립인 석탑과 동시작임이 분명한 중요한 상이다.

이상 삼국기 석불을 통관하고 몇 가지 첨언하여 두고자 한다.

첫째, 고구려에서 제작한 석불이 매우 드물고 마애불은 일례도 없다는 사실이다. 장군총이나 광개토왕비 같은 화강석을 사용한 거대한 건조물을 건축하면서 불상을 조성하지 않은 이유가 무엇인지 알 수 없다. 불교 자체가 백제나 신라 때보다 융성하지 못하였다고도 추측할 수 있으나 평원군 원오리에서 수백 구의 이조(泥造) 불·보살상이 출토된 점을 생각하면 불교 자체의 열세에만 그 이유를 돌릴 수도 없다. 해방 후 백제 신라의 영역에서 적지 않은 석불이 발견되었고 평북 용천(龍川)에서, 백제나 고신라의 영역에서 작례가 전혀 없는 천부상이 제작된 사례로 보아 해방 전후를 통하여 조사가 불충분한 데도 원인이 있을 것이다.

다음 백제의 경우 납석 내지 활석제의 석불이 매우 많아서 심지어 예산 화전리의 기상마저도 납석제의 암석을 이용하였다는 점이 주목된다. 이들이 대개가 소상들이고 제작 시기가 7세기 전반기로 추정된다는 점에서 조각이 비교적 용이하고, 예산의 사면불이 납석질의 자연 암반에 조각하였듯이 생산 조건도 이에 따라서 일찍부터 소재로 선택되었던 듯하다.

그리고 고신라의 조상은 현재까지의 작례로 보면 모두 수도 경주에 위치한다는 사실이다. 고구려의 경우는 원래 작례가 적어서 논외로 하더라도 백제의 상이 수도를 떠나 익산, 예산, 정읍 등지에 넓게 분포되어 있는 데 비하면 수도에서 벗어나지 못한 감이 있다. 이것은 결국 조상 활동의 범위가 좁은 것을 의미하고 그것은 곧 조상이 보편화되지 못하였음을 의미한다고 할 수 있다. 삼국시대에 신라 문화가 가장 후진이었다는 사실이 이러한 측면을 통해서도 짐작된다고 하겠다.

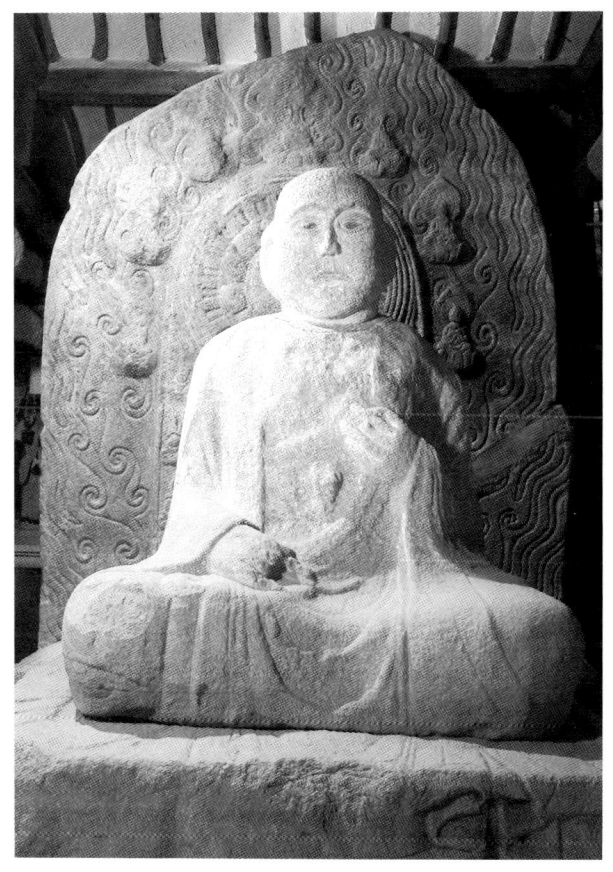

익산 연동리 좌상 결실된 머리를 새로 조성하였고 몸에도 많은 손상을 입어서 볼품이 없으나 원각 좌상으로는 백제 최대의 거상이다. 이 석불은 규모로 보아 굴지의 대작 이며 특히 복원치 5미터 가까운 일매 판석으로 광배를 조각한 석조 기술 또한 놀랍 다. 고졸하면서도 대담하고 간명하면서도 힘이 넘쳐 백제 미술의 진수를 보여 준다.

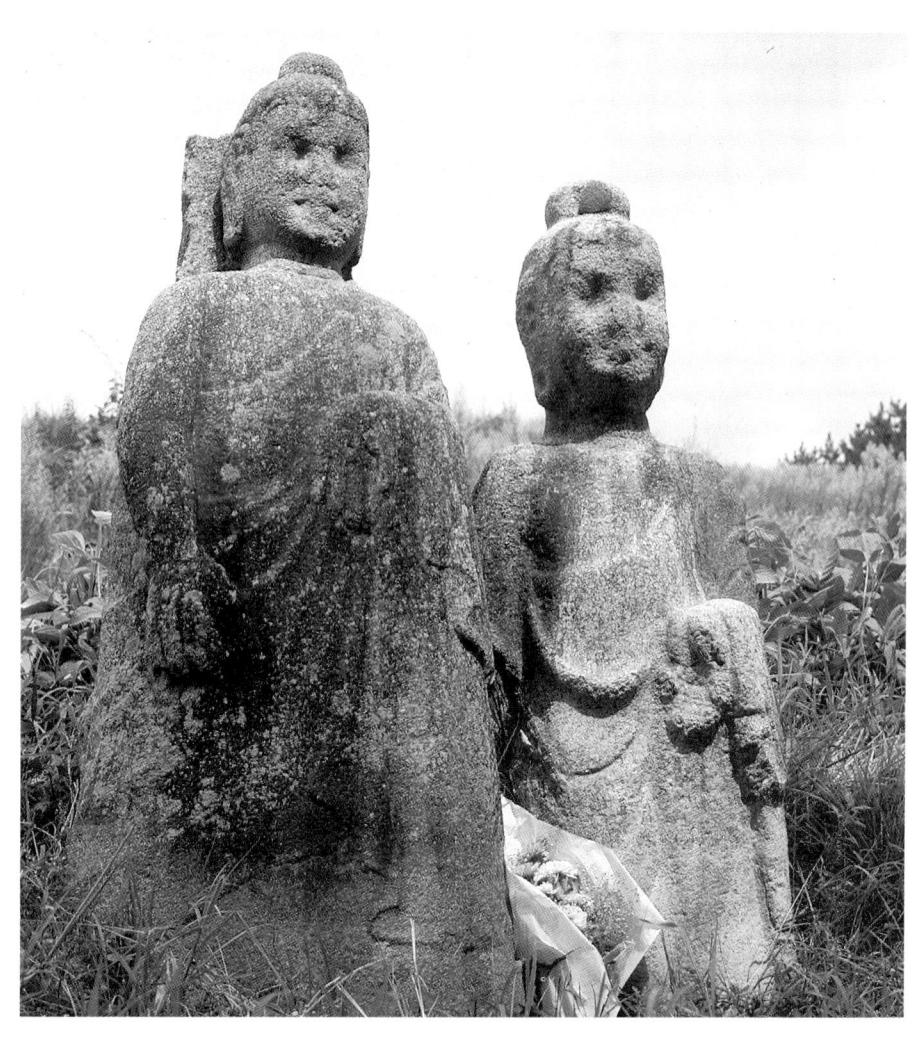

정읍 소성 신천리 석불 입상 발 밑에는 원통형의 돌기가 붙어 있어 이색적이고, 머리는 체발(剃髮)에 육계는 크고 존용은 방형에 가까우며 입가에는 미소가 희미하게 보이나 풍화가 심하다. 더욱이 두 눈은 인위적인 손상을 입어 자세한 점을 알 수 없으나 서산군 태안면의 마애불 얼굴과 유사하다.

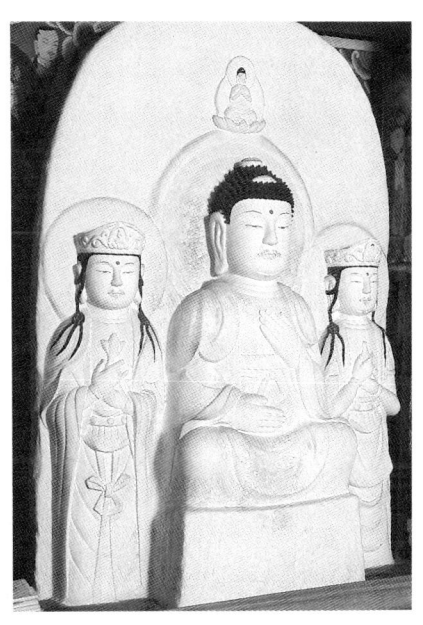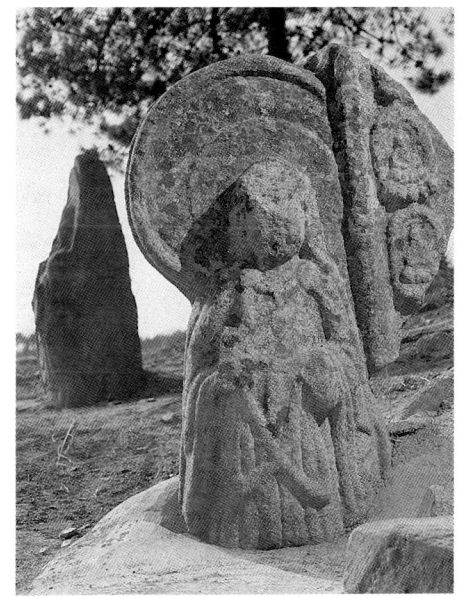

익산 태봉사 삼존상 일석(一石)으로 삼존과 광배를 조성하여 삼국시대에 유행하던
일광삼존의 형식을 갖추었다.(왼쪽)

중원 비중리 보살 입상 머리에는 무문의 큰 원광이 있고 얼굴은 약간의 손상이 있으나
짧은 목걸이, 통인인 듯한 두 손, 천의의 X형 교차, 두꺼운 상의 등 삼국시대 양식이
분명하다. 다만 소속 국가에 관해서는 고구려 작품과 백제 작품의 양론이 있다.(오른
쪽)

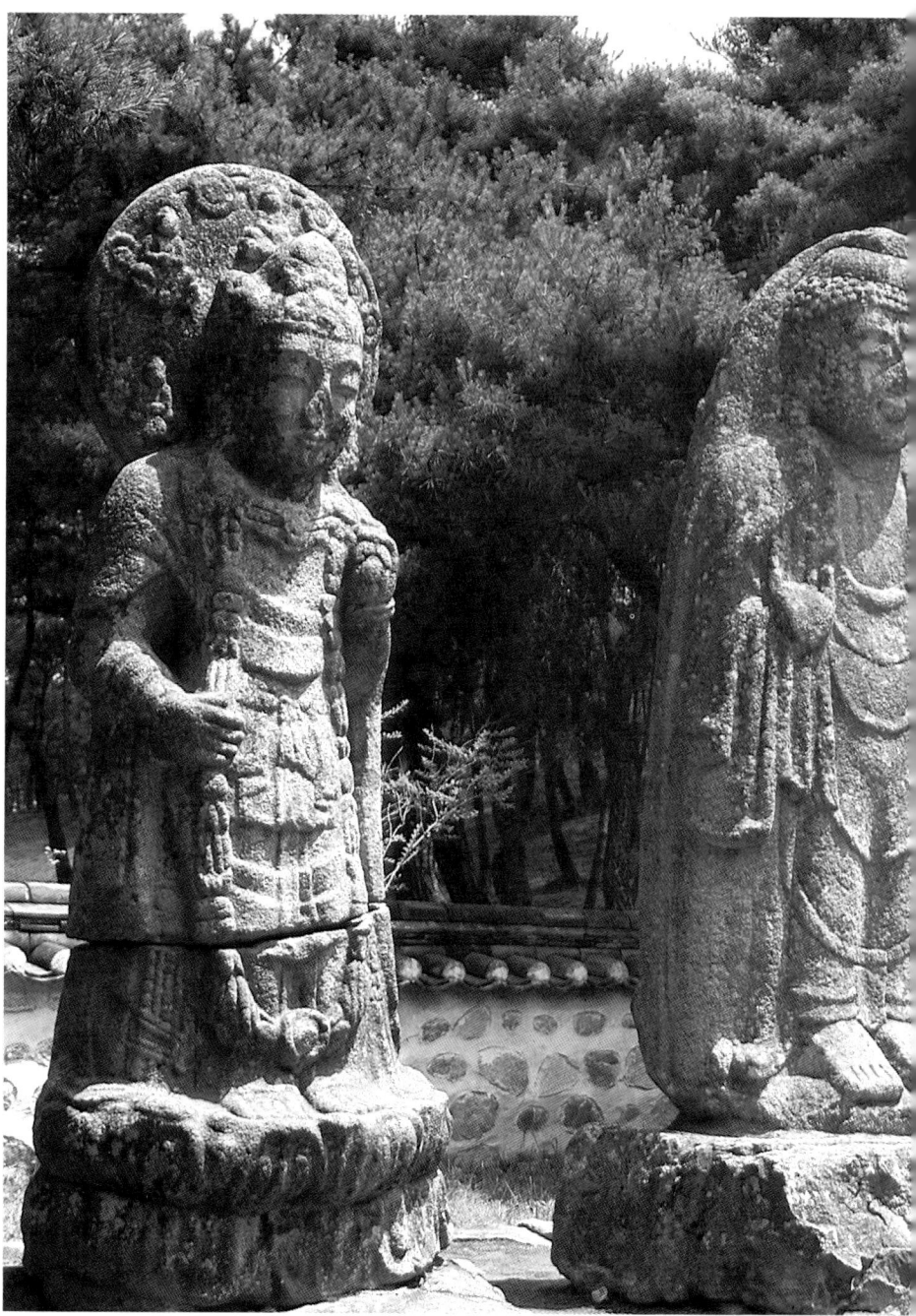

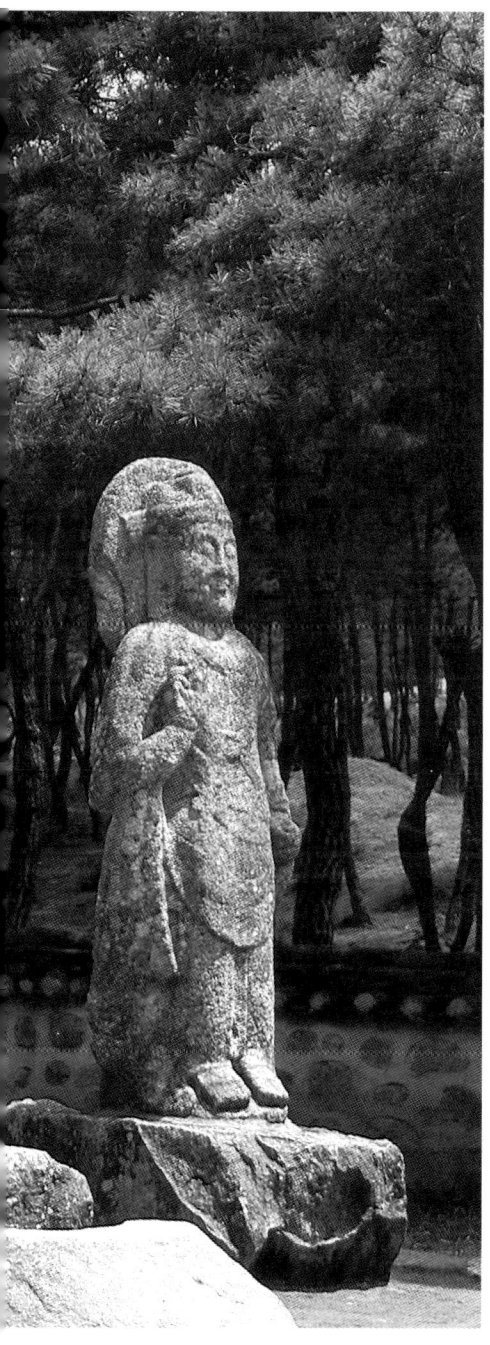

경주 배리 삼체 석불 현재 삼존의 형식을 이루고 있으나, 원래는 현위치에서 골짜기로 약간 올라간 자리에 따로따로 넘어져 있던 것을 옮겨 세운 것이다. 각 상의 작품에서 약간의 차이를 보이지만 세 상이 모두 고식을 따르고 있는 점에서 고신라 말기의 작품으로 추정된다.

통일신라시대

통일신라시대라 함은 백제가 신라에 병합된 서기 660년부터 고려의 건국으로 신라가 국가로서의 명맥이 실질적으로 끊어진 서기 918년까지 약 260년간을 가리키는 말이다. 신라가 서기 668년 고구려를 병합하여 삼국을 통일하자 영토의 확장에 따른 인구와 자원의 증가로 해서 정치, 경제적 개혁이 따르지 않을 수 없었고 동시에 각각 표현 감각의 차이를 보였던 삼국의 미술을 하나로 통합하여야 한다는 숙명적 과제에 직면하게 되었다.

아울러 인도, 서역의 문화를 적극적으로 수용하여 국제성이 농후한 새로운 양식의 미술을 창조하던 성당(盛唐)의 찬란한 미술 문화가 삼국 병합을 계기로 밀접해진 나당 관계를 배경으로 급속하게 전래되어 그 선진된 문화를 수용 소화한다는 또 하나의 불가피한 과제에 직면하게 되었다. 신라는 이 과제를 잘 수행하여 드디어 우리 미술의 황금기를 맞이하는 영광을 이룩하기도 하였는데 이러한 현상은 불상 내지 석불에 있어서도 동일하였다.

신라 문화는 황금기인 8세기 중엽을 분수령으로 차츰 광채를 잃어서 석불에 있어서도 난조를 보이기 시작하여 인체 파악의 불철저로 인한 조형상의 부자연, 조각으로서의 생명인 입체성의 결여, 광배와 대좌에 집중된 지나친 장식성 등이 나타난다. 이러한 현상의 원인은 여러 가지 있겠으나 사회의 불안과 아울러 선종(禪宗)의 유행 등 불교 자체의 변화를 무시할 수 없을 것이다.

이와 같은 과정은 통일신라기 양식의 변천을 통하여 파악할 수 있는데 그것을 위하여 다음과 같은 세 시기로 다시 세분할 수 있다. 즉 서기 660년부터 718년까지 약 60년간을 전기로, 서기 719년부터 779년까지 약 60년간을 중기로, 780년부터 918년까지 약 140년간을 후기로 구분하는 것이다.

전기는 경직되고 신비감에 찬 삼국기 양식에서 탈피하여 자유
활달한 신양식으로 옮아가는 과도기 양식이 나타나는 시기로서
삼국기 양식과 여기서 탈피하려는 흔적이 공존하는 시기이다.

작례로는

계유명 삼존천불비상(癸酉銘三尊千佛碑像, 673년)

계유명 전씨 아미타석상(癸酉銘全氏阿彌陀石像, 673년)

기축명 아미타여래 제불보살석상(己丑銘阿彌陀如來諸佛菩薩石像,
689년)

등 연기군내에서 발견된 일련의 석상들과

영주 석포리(石浦里) 사면불

군위 석굴의 삼존상

봉화 북지리(北枝里) 반가석상(현재 경북대학교 박물관)

경주 금산재(金山齋) 발견 반가석상

등과 영주, 봉화 등지의 마애상 등이 이에 속한다.

연기 발견의 제상들은 삼도의 불표현, 의문, 상현좌, 보살 천의
전면에서의 교차 등의 형식에서 고식이 보이나 약간은 자유스러워
지는 보살의 자세, 여래 수인의 다양화, 대좌의 하반부가 노출된
상현좌 형식, 보살 천의의 교차가 없어져 가는 과정 등 두 양식이
공존하는데 이러한 경향은 군위 석굴의 삼존상에서 더욱 뚜렷이
간취된다. 중존은 통견에 상현좌의 형식이지만 수인은 통인에서
벗어났고 목에는 삼도가 뚜렷하다. 양 보살은 한쪽 다리에만 체중을
걸어 삼굴(三屈)의 자세가 나타나기 시작하는 등 현저한 변화가
보인다.

중기의 조상(造像)온 이미티불에 대한 신앙을 바탕으로 외래
양식의 수용 정착과 축적된 조상 기술로 해서 우리나라 조각의 절정
을 이루는 시기이다. 이러한 불상 조각의 성숙은 불상 조각이라는
국한된 세계 안에서만 성립되는 것이 아니어서 이 시기 신라 문화의

수준이 전반적으로 높았음을 말하는 것이고, 이러한 점은 이 시기에 제작된 현존하는 문물을 통해서 증명된다.

이 시기의 작례로는

감산사 아미타여래 입상(서기 719년의 조상명을 가짐)과 미륵보살 입상

토함산 석불사 석굴의 제상

석조 여래 입상

김천 오봉동(梧鳳洞) 여래 좌상

청암사 수도암 비로사나불 좌상

팔공산 관봉(八公山冠峰) 여래 좌상

경주 남산 미륵골(彌勒谷) 여래 좌상

예천 청룡사(靑龍寺) 여래 좌상

경주 남산 삼릉계(三陵溪) 여래 좌상

등을 들 수 있다.

감산사 석불은 불신, 상호, 의문 등에서 외래 양식이 농후하게 간취되어 그 이전의 조상에서 볼 수 없었던 새로운 방향으로의 전환이 뚜렷하고 이 양식이 성숙되어 드디어 석불사 석굴의 제상을 남기게 되었다. 그 이후의 제상들은 석굴암의 양식을 기준으로 하여 그 테두리 안에서 벗어나지 않고 있다.

8세기말에 가까워지면서 조상은 차츰 정제된 조형미에서 벗어나 난조를 보이기 시작한다. 그 원인에 대하여는 혜공왕 이후에 나타나는 국정의 문란, 군웅의 할거 그리고 선종이라는 새로운 사상 체계로 인한 조상의 약화, 풍수설 전래로 인한 잡신(雜信)과의 습합(習合) 등이 거론되고 있으나 그 중에서도 국정의 문란과 선종의 유행은 중대한 영향을 끼쳤을 것으로 보인다.

작례로는

거창 양평동(陽平洞) 여래 입상

예천 동본동(東本洞) 여래 입상

경주 남산 삼릉계 약사여래 좌상

창녕 관룡사 용선대(觀龍寺龍船台) 여래 좌상

합천 청량사(淸涼寺) 여래 좌상

홍천 물걸리(物傑里) 여래 좌상

부석사 자인당(慈忍堂) 여래 좌상

선산 해평동(海平洞) 여래 좌상

각연사(覺淵寺) 여래 좌상

동화사 비로암 여래 좌상

축서사(鷲捿寺) 여래 좌상

고운사(孤雲寺) 여래 좌상

경주 남산 용장사곡 이형 대좌 여래 좌상

경주 남산 용장사곡 비로사나불 좌상

영주 석교리(石橋里) 여래 입상

등을 들 수 있다.

이들 불상은 한결같이 경주 석굴암 여래 좌상의 양식을 계승하면서도 인체 파악의 빈약으로 균형을 잃어서 불신 각부가 부자연스러우며 의습(衣褶) 표현의 간략화 내지는 형식화, 광배나 대좌에 나타나는 지나친 장식성 등으로 전체적으로 기력을 잃은 섬약화가 현저해진다. 이러한 경향은 신라에 국한된 일이 아니고 중국에 있어서도 당말의 혼란으로 인한 성당 양식의 붕괴와도 같은 현상으로 여기서 새로운 양식의 출현이 요청되었던 것이다.

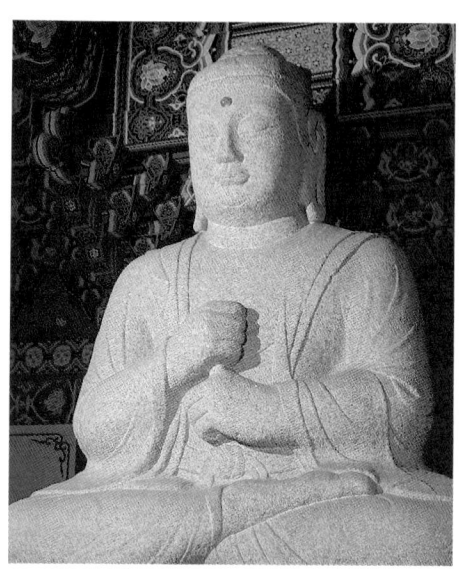 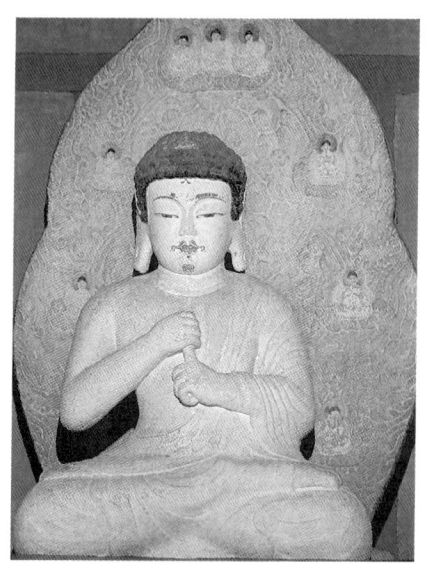

청암사 수도암 비로사나불 좌상 통일신라 중기의 작품이다.(왼쪽)
각연사 비로사나불 좌상 대좌에서 광배 끝까지 높이가 302센티미터로 불상과 대좌,
광배가 모두 갖추어진 상이다. 통일신라 중기인 9세기의 작품으로 보인다.(오른쪽)

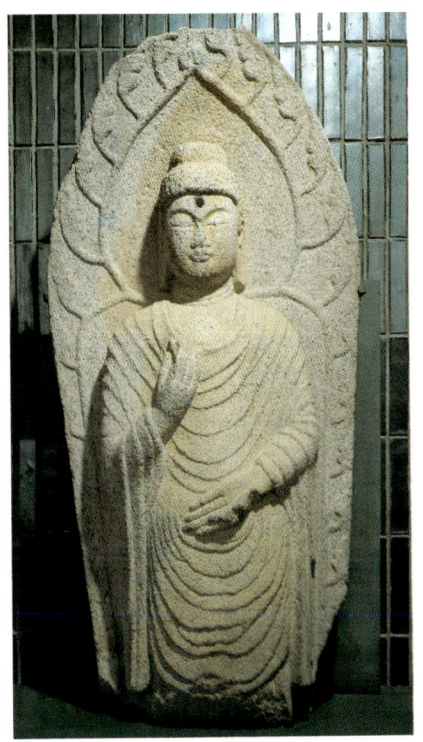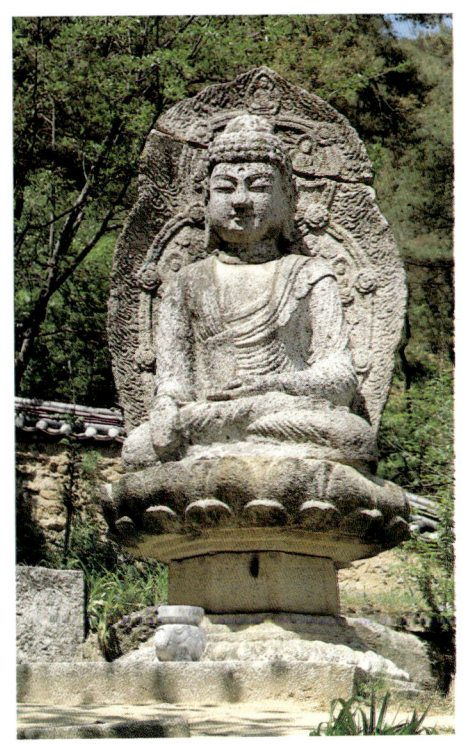

석조 여래 입상 국립 경주 박물관 소장의 여래상으로 통일신라 중기의 작품이다. 중기
의 조상(造像)은 아미타불에 대한 신앙을 바탕으로 외래 양식의 수용 정착과 축적된
조상 기술로 해서 우리나라 조각의 절정을 이루는 시기이다.(왼쪽)

경주 남산 보리사 여래 좌상 화려한 광배와 불신의 비례, 상호의 표현 등이 원숙한
8세기 조각의 면모를 보여 준다.(오른쪽)

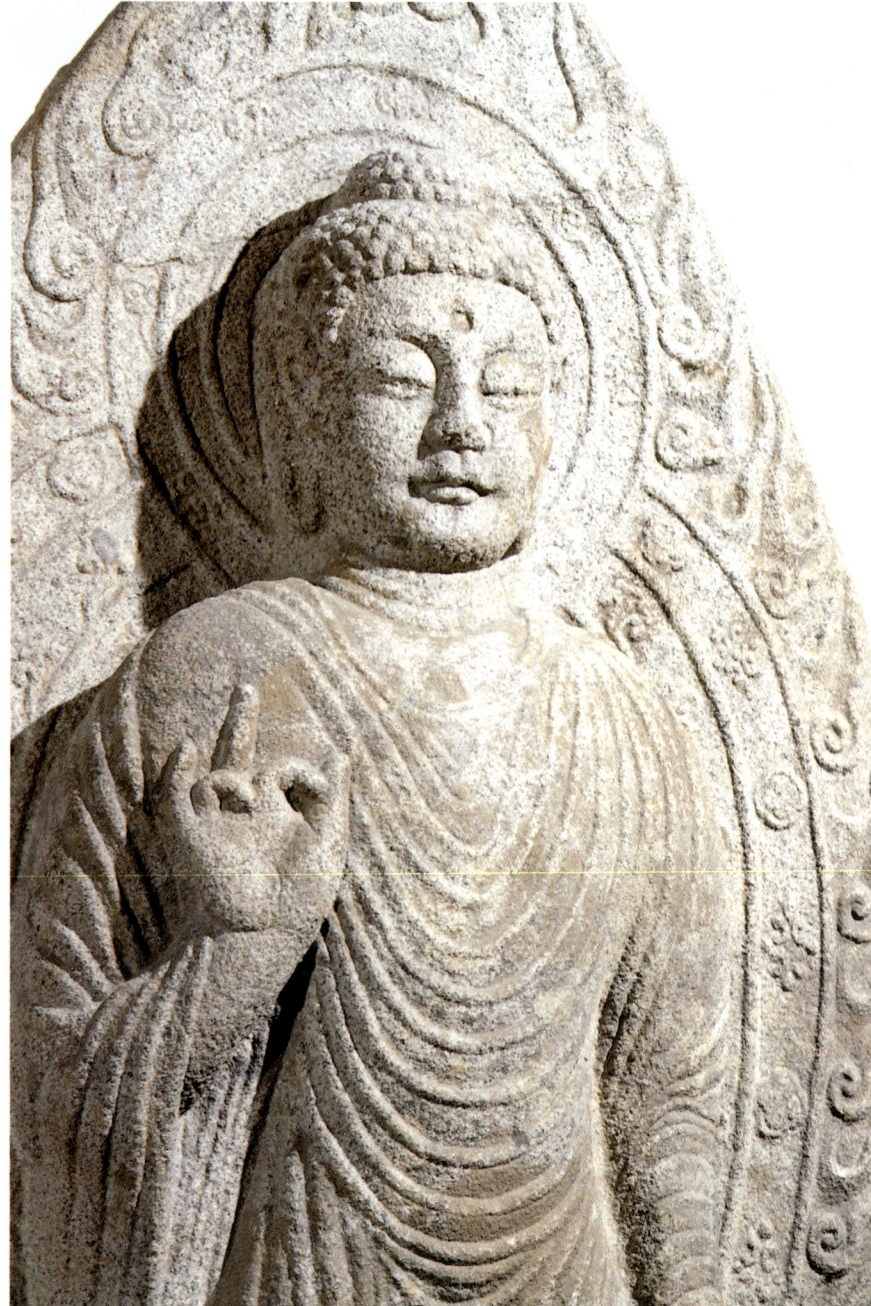

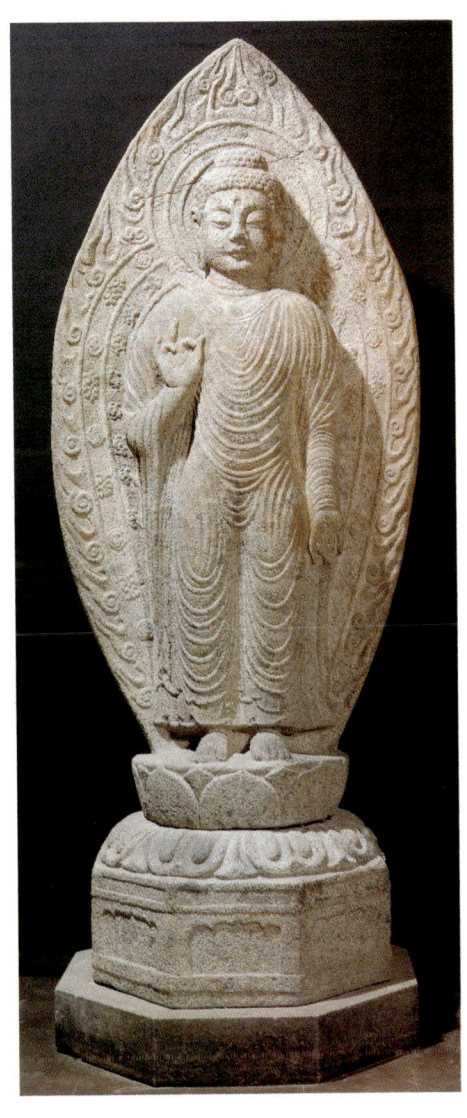

감산사 아미타불 입상 주형(舟形) 거신광배의 화염문과 팔각 대좌의 앙련과 복련에 이르기까지 세련된 솜씨와 부드러운 질감을 강조하는 우수한 작품이다. 옷주름과 전체적인 조형미는 우리나라 조각사에서 매우 중요한 위치를 차지하게 한다.

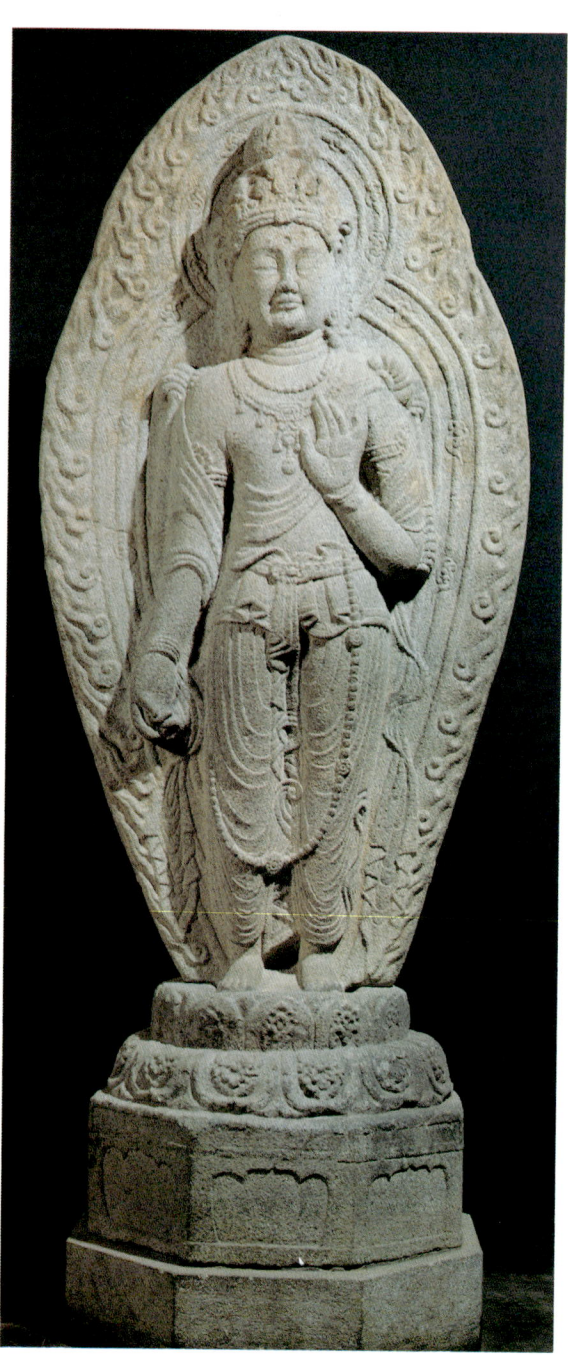

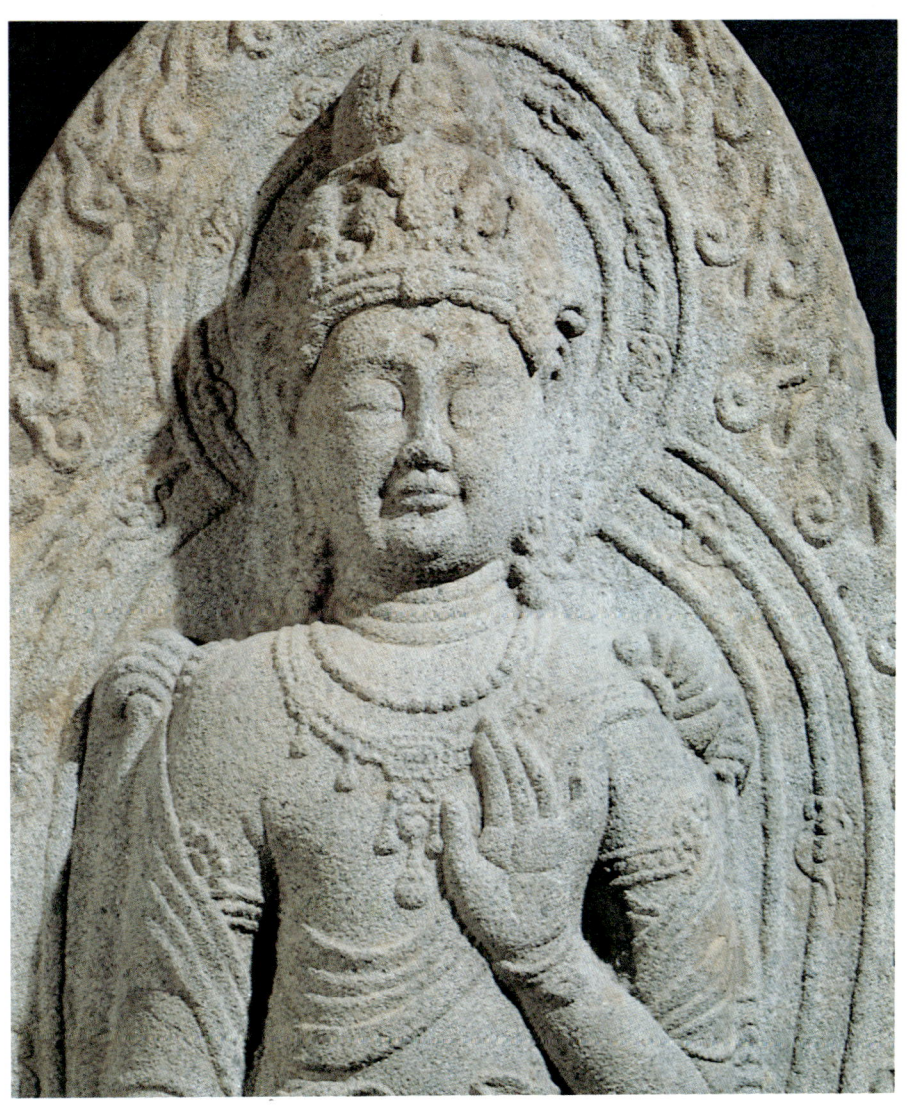

감산사 미륵보살 입상 석상의 광배 뒷면에 중아찬의 벼슬에 있던 김지성(金志誠)이 집사시랑으로 왕의 측근에서 봉사하다가 퇴관하여 한거하면서 먼저 간 일족의 명복을 위하여 미륵존상과 미타불을 조성하였다고 새겨져 있다. 719년이라는 뚜렷한 제작 시기가 있어 통일신라 중기 조각품의 기준작이 된다.

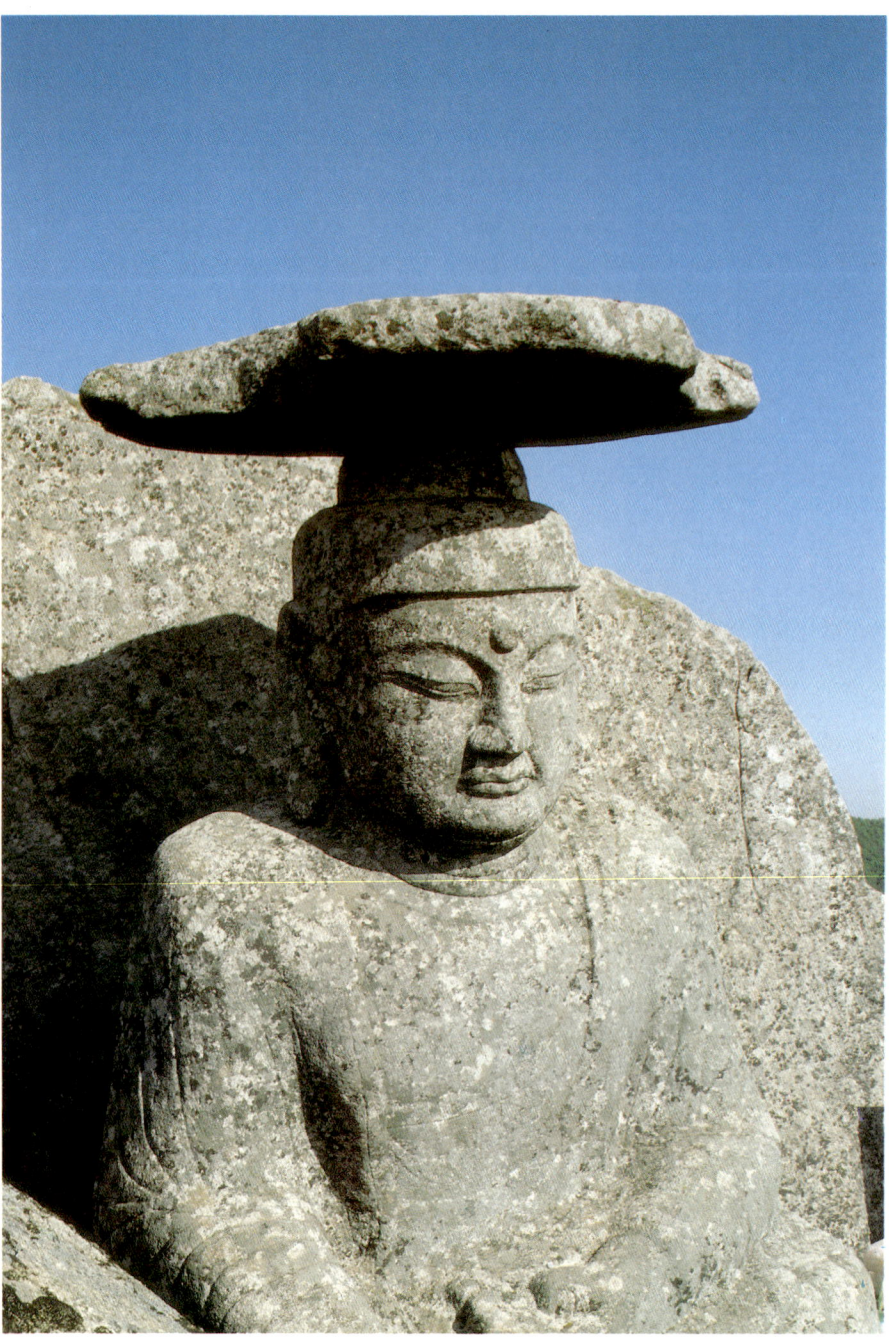

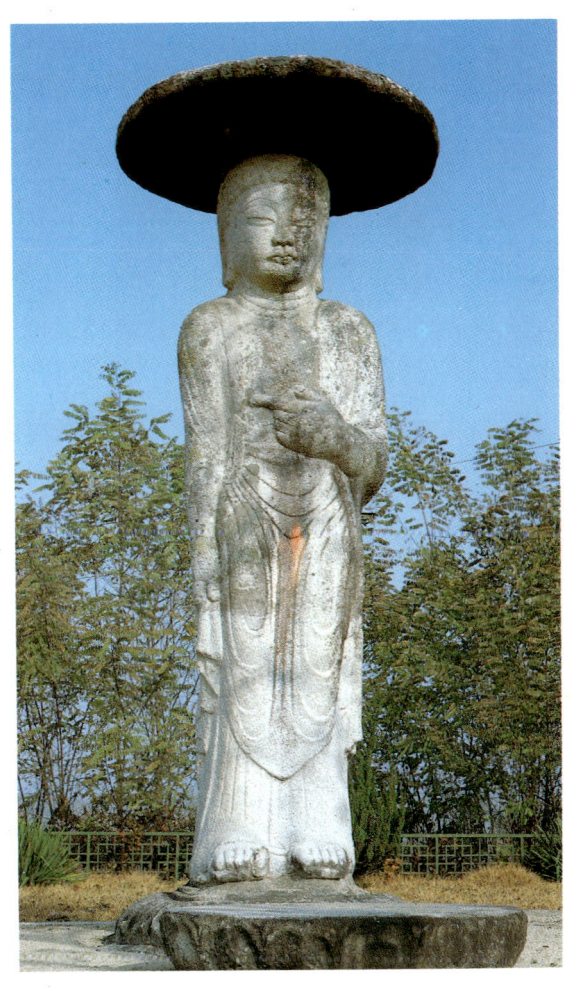

팔공산 관봉 여래 좌상 보물 제431호로 '갓바위'라고도 불리운다. 이 상은 조각 수법
으로 보아 통일신라 중기인 8세기경에 제작된 것으로 보인다. (왼쪽)
거창 양평동 여래 입상 8세기말에 가까워지면서 조상은 차츰 정제된 조형미에서 벗어
나 난조를 보이기 시작한다. 이 불상은 신체에 비해 머리가 커지고 어깨가 다소 솟아
올라 흩어진 조형성을 보인다. (오른쪽)

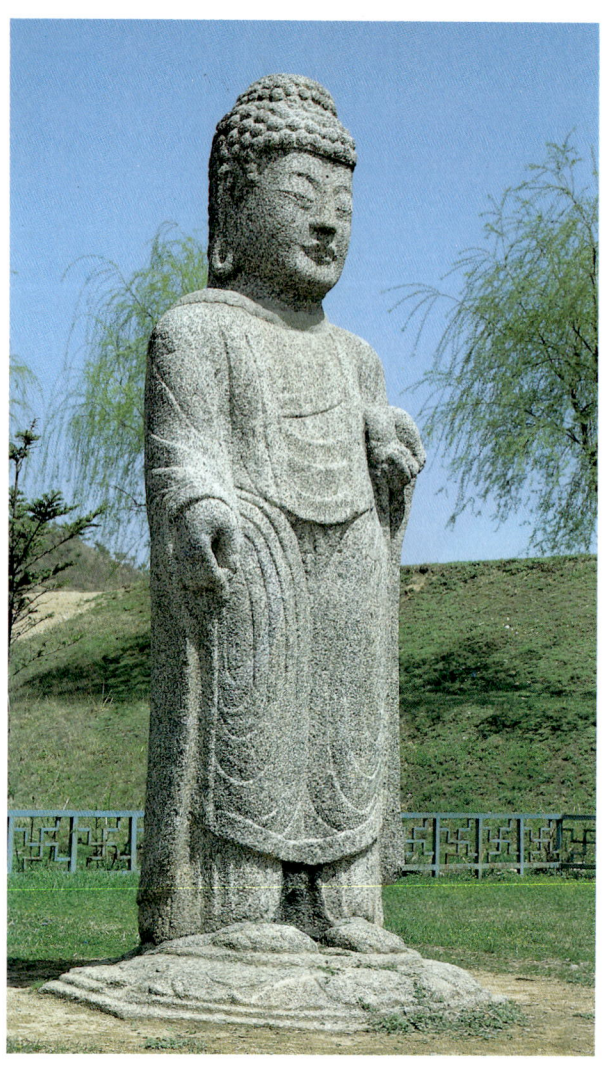

예천 동본동 석불 입상 통일신라 말기에 제작된 상으로 유난히 큰 머리와 평면적인 가슴, 움츠린 듯한 어깨가 이 시기의 작풍을 보여 준다.

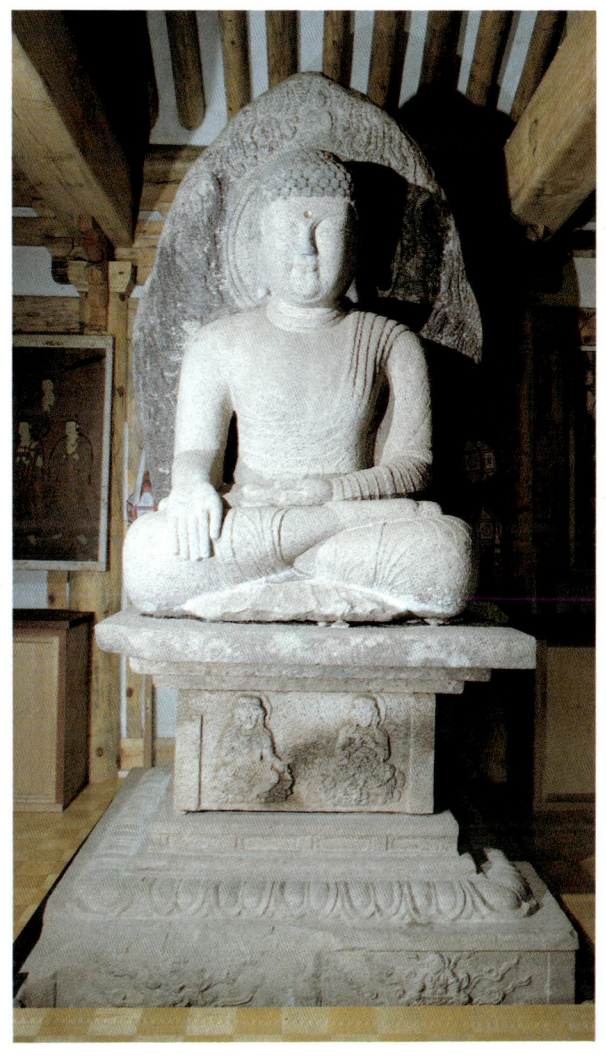

청량사 여래 좌상 경주 석굴암 여래 좌상의 양식을 계승하면서도 인체 파악의 빈약으로 균형을 잃어서 불신의 각부가 부자연스럽다.(위)

청량사 여래 좌상 대좌 부분 불상의 대좌에 새겨진 보살상이다. 통일신라시대 말기에 이르러 이러한 지나친 장식성으로 전체적인 기력을 잃은 섬약화가 현저해졌음을 보여 준다.(뒤)

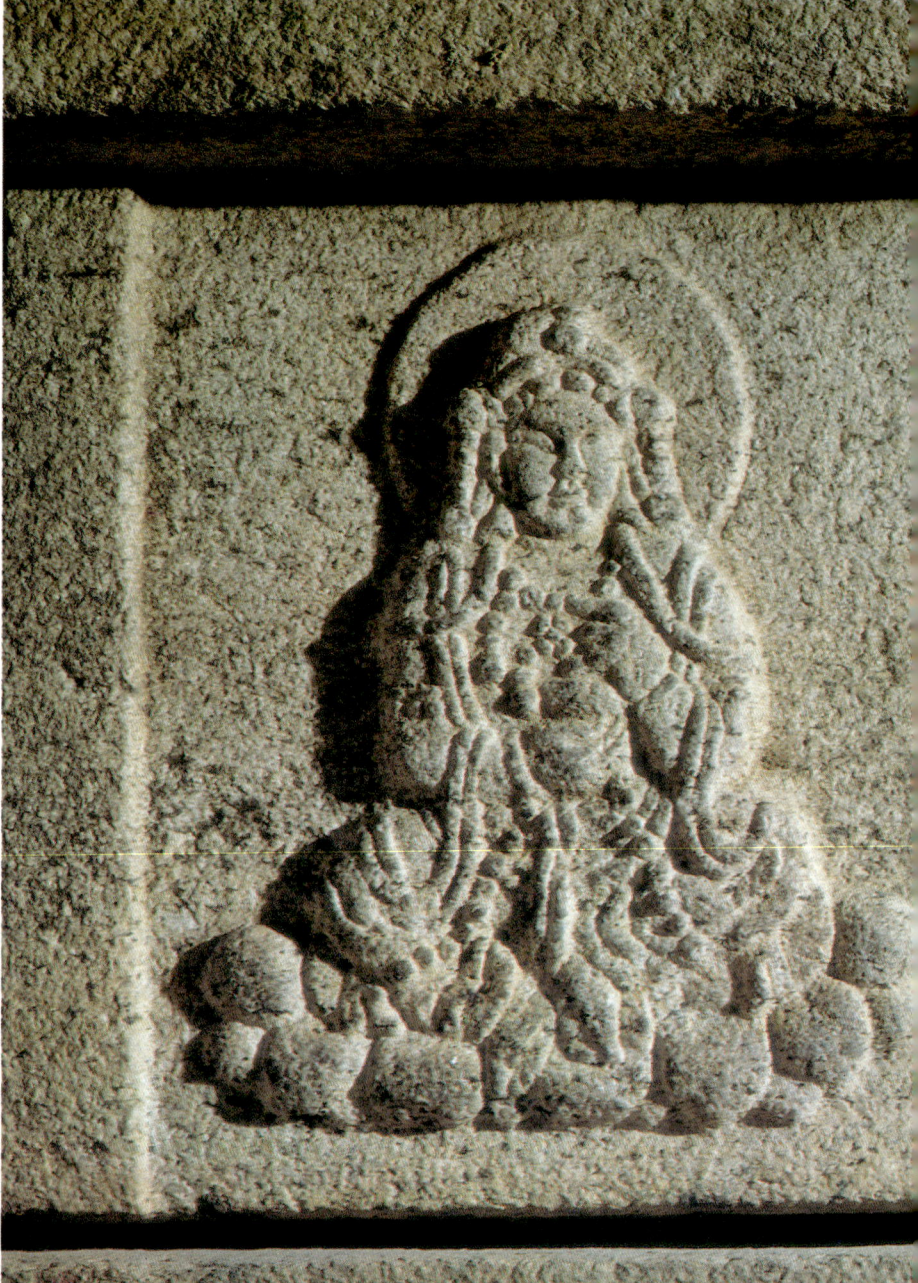

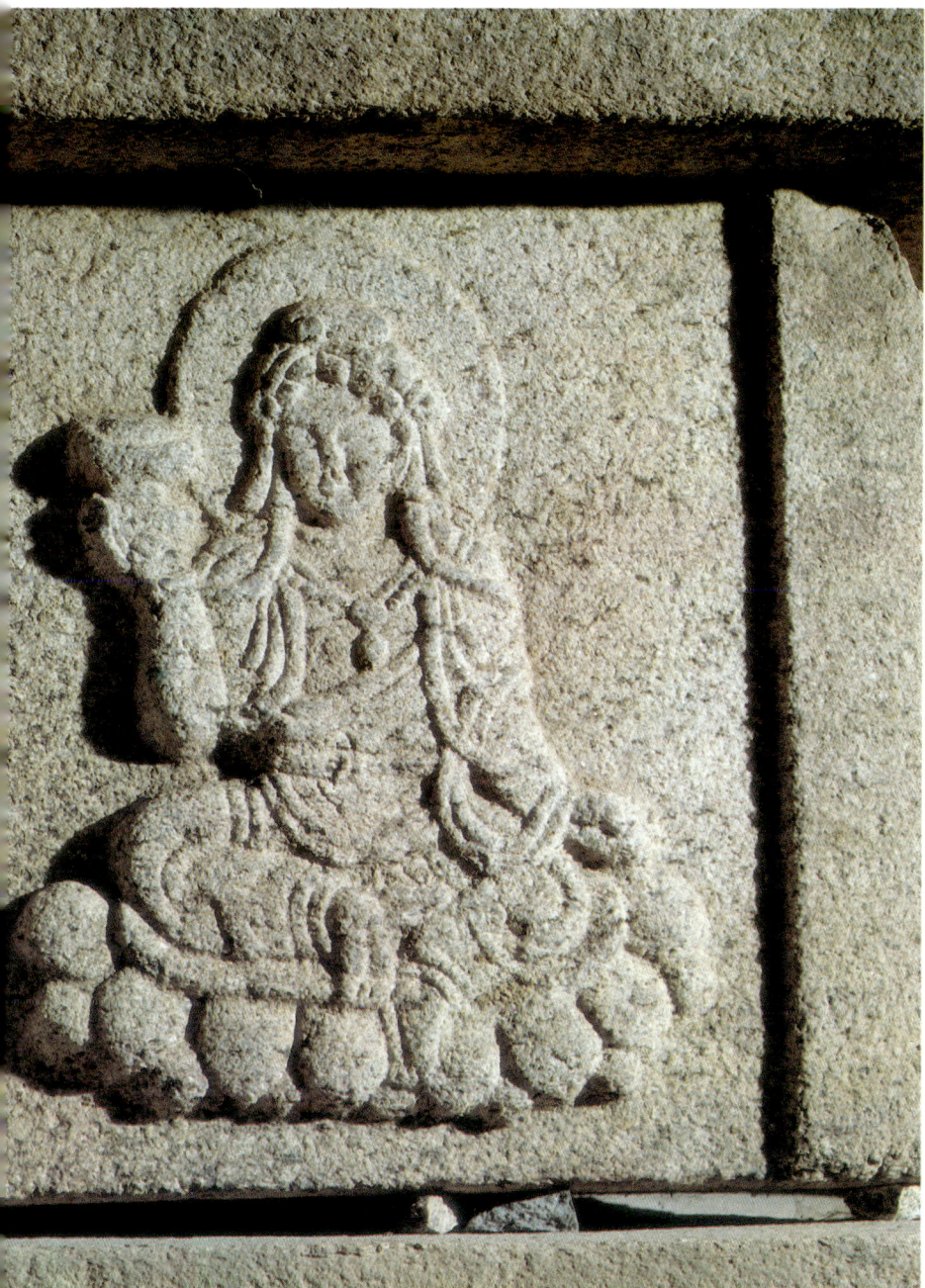

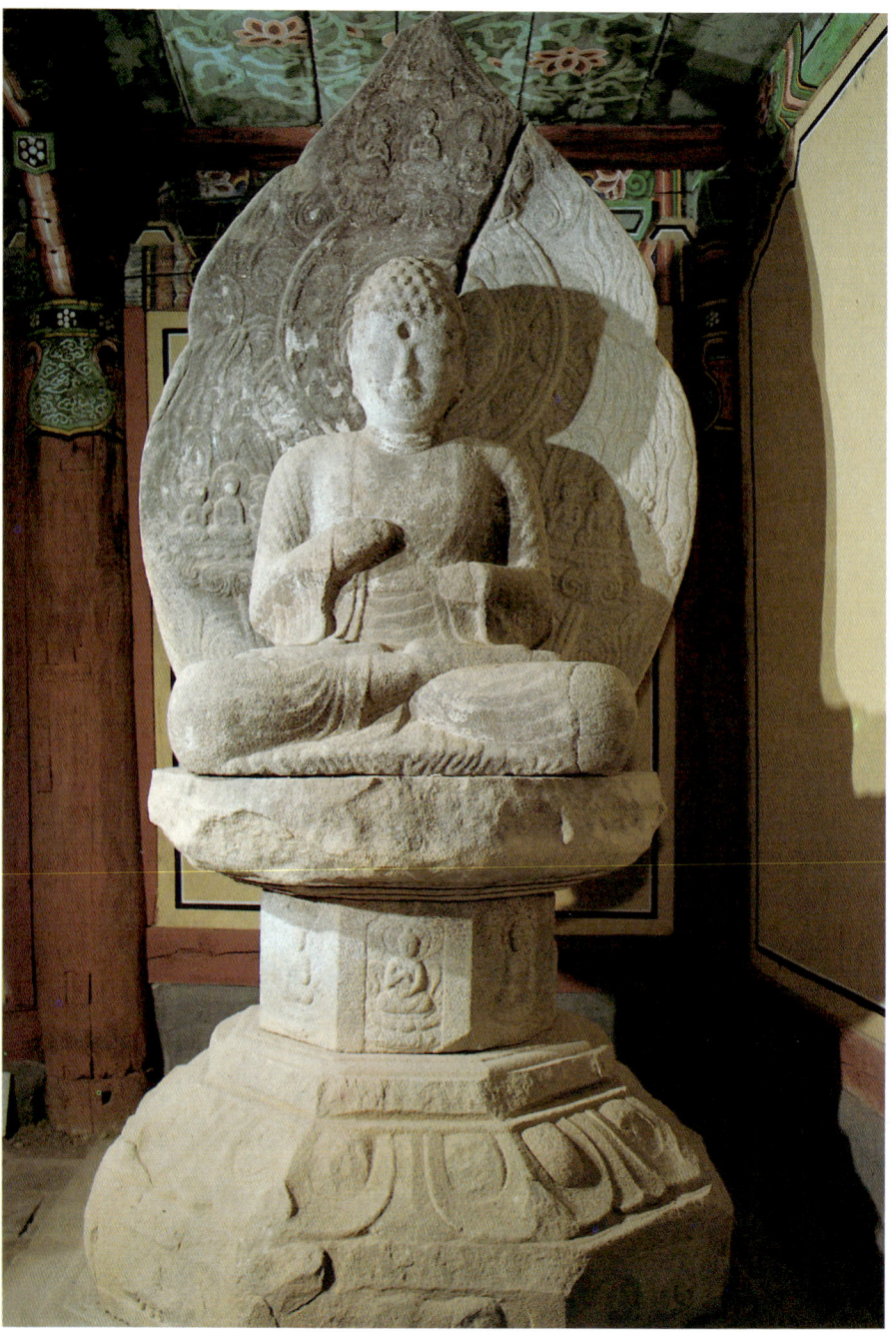

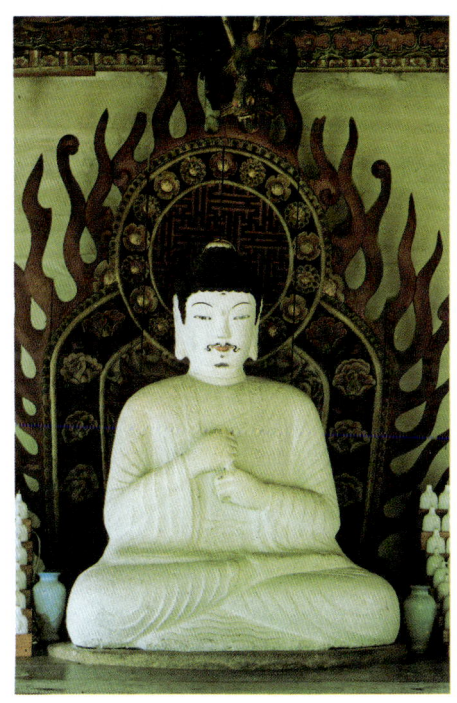

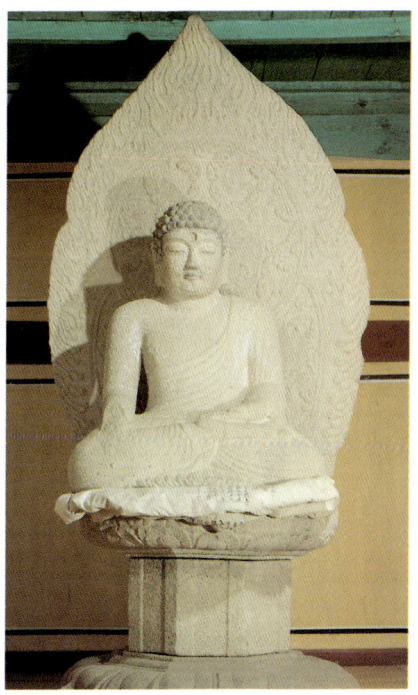

부석사 자인당 비로사나불 좌상(왼쪽)
축서사 여래 좌상(위 왼쪽)
고운사 여래 좌상(위 오른쪽)

통일신라 말기 조각의 조형적 변화는 혜공왕 이후에 나타나는 국정의 문란, 군웅의
할거와 선종이라는 새로운 사상 체계로 인한 조상의 약화, 풍수설 전래로 인한 잡신
(雜信)과의 습합 등이 거론되고 있으나 그 중에서도 국정의 문란과 선종의 유행은
중대한 영향을 끼쳤을 것으로 보인다.

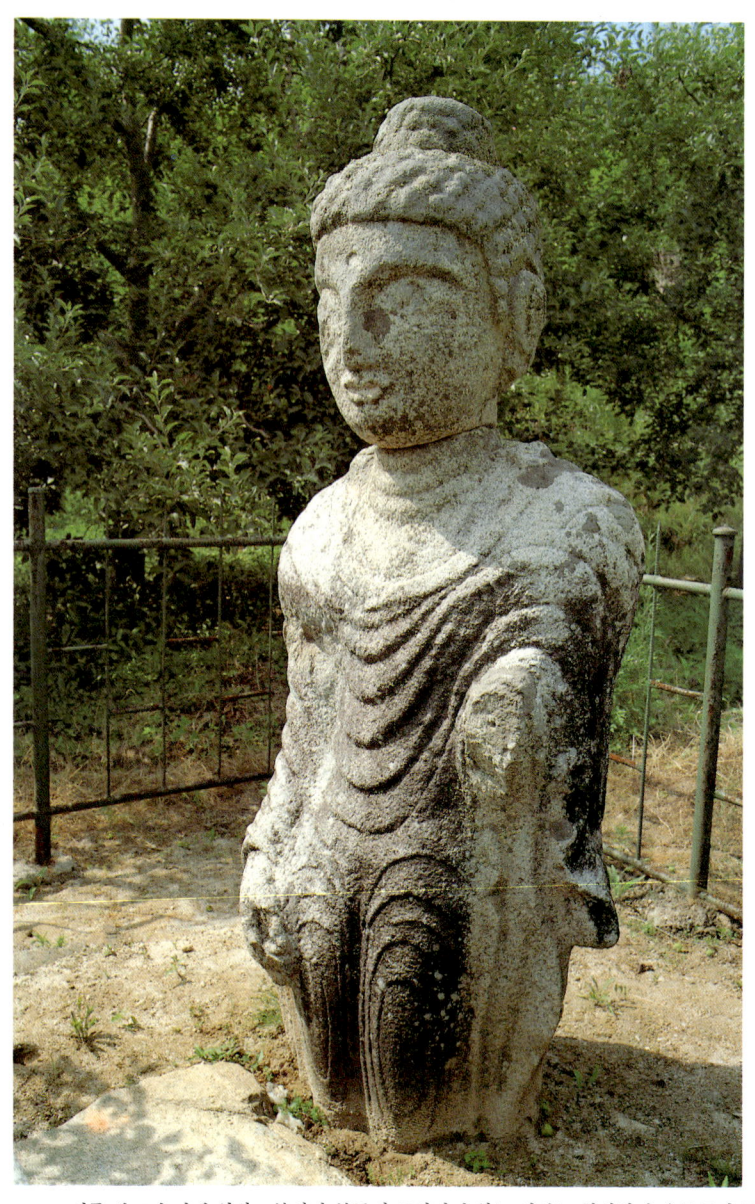

영주 석교리 여래 입상 불신과 불두의 조화되지 않는 비례는 형식화된 옷주름의 표현
과 더불어 통일신라 말기 불상 조각의 변화를 드러낸다.

고려시대

서기 918년에 일어난 고려왕조는 궁예와 견훤의 군웅을 무찌르고 드디어 신라를 병합하여 새로운 왕조를 세우니 국호를 고려라 하여 왕도를 한반도의 중앙인 개성으로 정하였다. 고려 태조 왕건은 나라의 건국이 부처의 가호하는 바에 힘입었다고 굳게 믿어 여전히 불교를 숭상하여 즉위하자 도내에 10사를 창건하였다.

전대와 다른 점은 불력뿐 아니라 산천의 음덕이 컸음을 강조한 점으로 이는 고려 불교의 새로운 양상이고 이에 따르는 조상(造像)의 변화를 예시하는 듯하였다.

즉 고려 불상에 나타나는 속세화, 예컨대 철불에 나타나는 미소의 의미, 상호 각부의 비현실적인 강조, 또는 인체 비례에의 무관심, 예컨대 상체에 비해 하체의 빈약, 석주형(石柱形)에서 벗어나지 못한 비입체성 등은 새로운 양식으로 지적될 수 있으나 그 배경에는 풍수설과 결부된 현세적인 속신화(俗信化)가 있었을 것이다.

고려시대의 석불도 세 시기로 구분할 수 있다. 곧 건국부터 문종대(1083년)까지의 약 160년간을 전기로, 문종 이후 몽고 세력이 들어오기 전인 고종대(1259년)까지의 약 180년간을 중기, 그 후 고려왕조가 소멸될 때까지(1392년)의 약 130년간을 후기라고 할 수 있다.

전기는 신라 석불의 양식을 계승하는가 하면 새로운 양식이 대두되는 시기인 동시에 신라 말기의 석불에 비해 월등히 큰 대작이 제작되기도 하는데 이러한 경향은 철불이나 마애불에서 특히 현저히 나타난다.

이 시기의 작례로는

개태사(開泰寺) 삼존 입상

청양(青陽) 삼존 입상

만복사(萬福寺) 여래 입상

운문사(雲門寺) 여래 좌상

청룡사(靑龍寺) 여래 좌상

관룡사(觀龍寺) 여래 좌상

나주 철천리(鐵川里) 여래 입상

관촉사(灌燭寺) 보살 입상

함안 대산리(大山里) 보살 입상

도갑사(道岬寺) 여래 좌상

천성사(千聖寺) 여래 입상

고령 개포동(開浦洞) 보살 좌상

등을 들 수 있다.

이들은 운동감은 적으나 신체의 균형이 비교적 좋고 상호가 온화하며 허리가 가는 점, 두 다리에 동심 타원문의 의문이 있는 점 등 신라불의 양식을 계승하고 있으나 그 중에는 관촉사 보살상같이 상호의 이형화, 의문 표현의 선각화 또는 선의 표현보다 면의 표현에 치중한 점 내지는 6각형 대좌의 출현 등 새로운 양식이 등장한다. 또 한 가지 주목되는 점은 불상의 대형화이니 이 점은 마애불이나 철불에서도 동일하다. 특히 마애불에서는 높이 10미터를 넘는 대작이 있고 원각 석불에서도 대체로 대작들인데 관촉사 보살상은 대표작이다. 아마도 신왕조 건국에 따르는 신기운의 소치로 해석된다.

중기가 되면 북방으로부터의 요(遼), 금(金)의 압박에도 불구하고 송(宋) 문화에 탐닉하였고 송에서는 협저(夾紵) 또는 소조의 상을 보내오는 등 송불의 영향이 컸던 것으로 보인다. 이 시기의 초반에는 대형 불상이 제작되기도 하였으나 차츰 소형화하는 한편 강릉을 중심한 지방에서는 그 지방 특유의 양식이 성립되기도 하였다.

작례로는

안국사(安國寺) 삼존 입상

중원 미륵리(彌勒里) 여래 입상

대조사(大鳥寺) 보살 입상

예산 삽교(揷橋) 보살 입상

거창 상동(上洞) 보살 입상

아산 평촌리(坪村里) 여래 입상

강화 하점면(河岾面) 보살 입상

한송사(寒松寺) 보살 좌상

월정사(月精寺) 보살 좌상

신복사(神福寺) 보살 좌상

운주사(雲住寺) 석불군

등을 들 수 있다.

이 기간에 제작된 불상에는 여러 양식이 혼재하여 전기에 이어 신라불의 기본형을 따르는가 하면 송불의 영향으로 비만형에 미소를 띠는 새로운 자세의 보살상이 제작되기도 하였다. 원각의 석상은 석주형 석재에 수족과 의문을 거의 굴곡 없이 조각하여 입체감이 없으며 보살의 경우 넓은 개석을 머리에 이고 있다. 고관개석(高冠蓋石)의 형식은 강릉 지방에 있는 한송사, 월정사, 신복사 등의 보살상에서도 볼 수 있으나 이 상들은 한결같이 비만형이며 작은 입에 미소를 짓고 특이한 자세를 취하고 있는 점은 주목된다.

후기는 원의 침입을 받았으므로 송 문화에 대신하여 원 문화가 전반에 걸쳐서 침투히어 불상 양식에서도 라마불의 양식이 나타나기 시작하였으니 그러한 경향은 금동불에서 현저하게 나타날 뿐 석불에서는 그다지 뚜렷하지 않다.

이 시기의 조상 자체도 현저하게 적어져서

익산 고도리(古都里) 여래 입상

경천사(敬天寺) 10층 석탑 표면 조각

등을 들 수 있으나 전자는 입체감이 결여된 졸작이며 경천사 탑의 조상은 그것이 원장(元匠)의 소작이므로 논외로 할 수밖에 없다.

　이같은 현상을 통하여 불교가 외래의 종교이고 예배상 제작에는 규범이 있어서 이 규범에서 벗어날 수 없으므로 그 테두리 안에서 제작이 계속되었을 뿐 불상, 특히 석불의 제작은 크게 쇠퇴하였음을 알 수 있다.

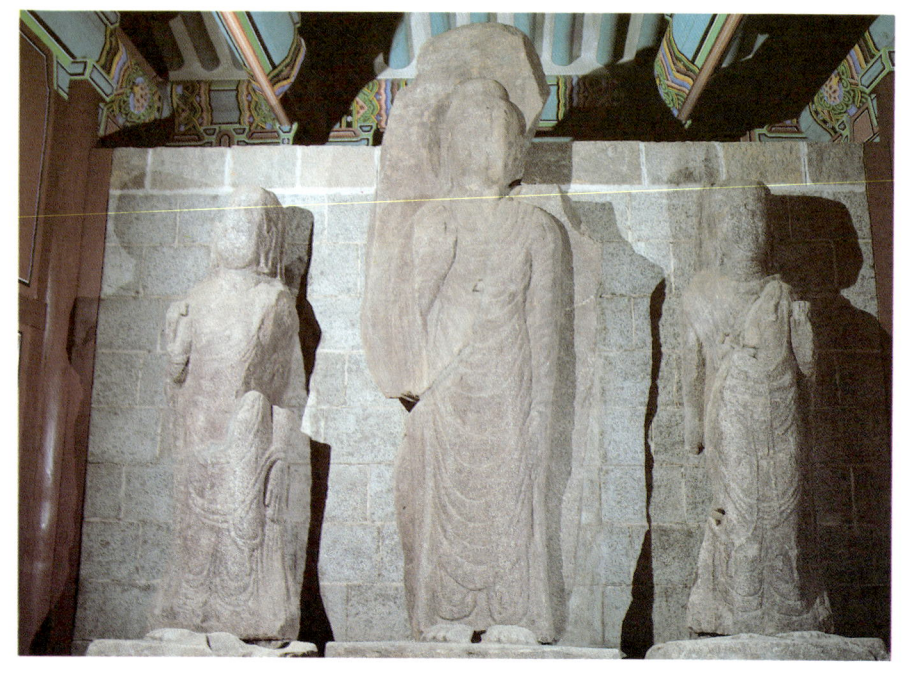

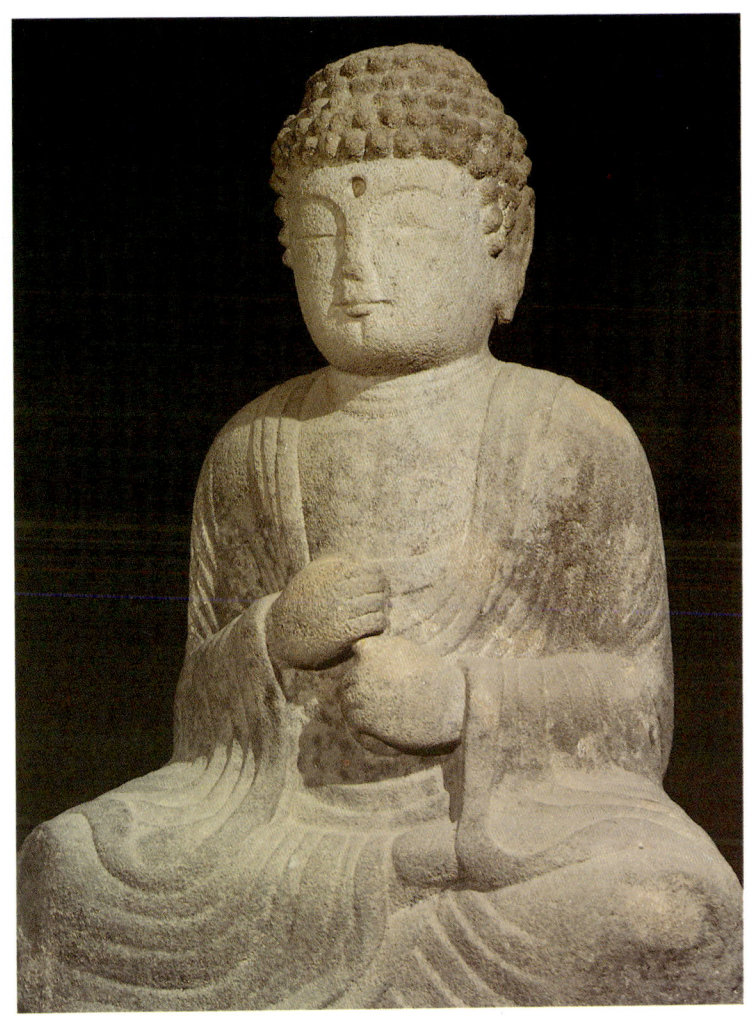

청양(靑陽) **삼존 입상**(왼쪽)
청룡사(靑龍寺) **비로사나불 좌상**(오른쪽)
　고려 전기는 신라 석불의 양식을 계승하는가 하면 새로운 양식이 대두되는 시기인
동시에 신라 말기의 석불에 비해 월등히 큰 대작이 제작되기도 하는데 이러한 경향은
철불이나 마애불에서 특히 현저히 나타난다.

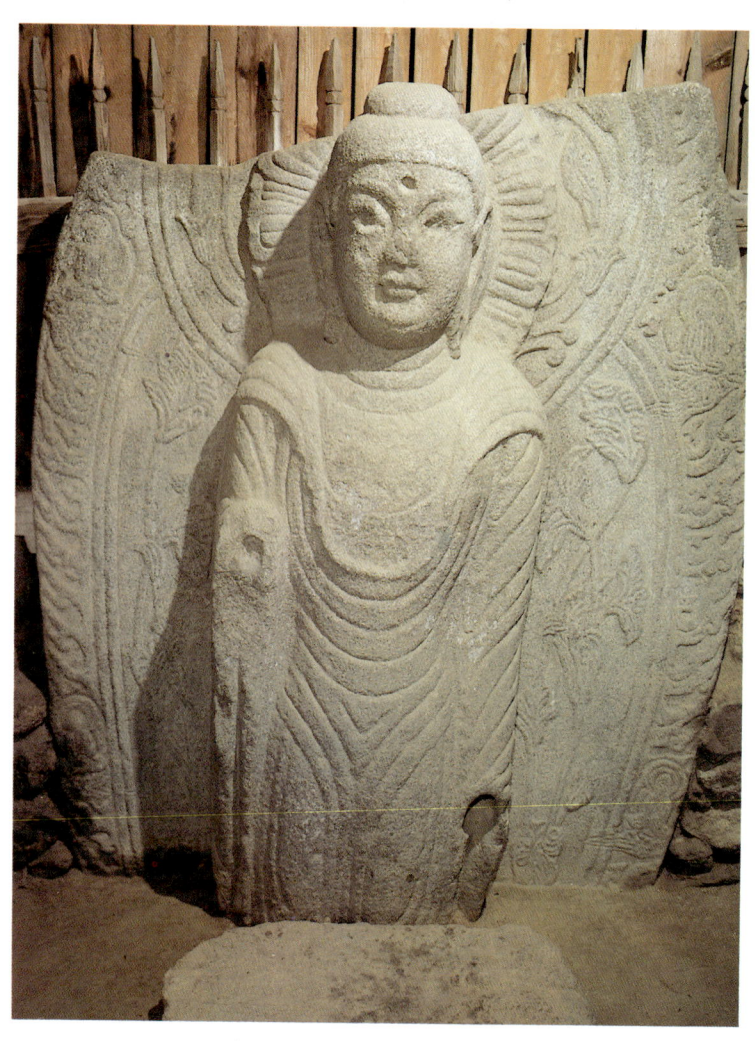

만복사 여래 입상 이 불상은 높이가 2미터 가량으로 규모가 클 뿐만 아니라 제작 시기를 어느 정도 추측할 수 있기 때문에 한국 조각사에서 중요한 위치를 차지한다.

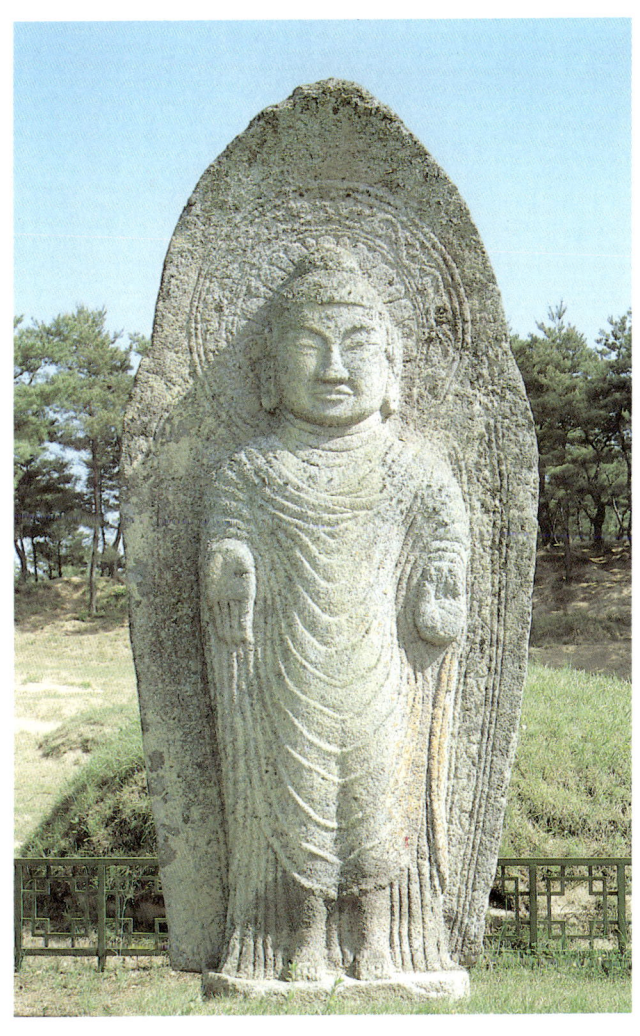

나주 철천리 여래 입상 충실히 전대의 형식을 따르고는 있으나 도식화된 광배의 문양
과 얼굴과 신체의 어울리지 않는 비례 등에서 변화된 불상의 면모를 보인다.

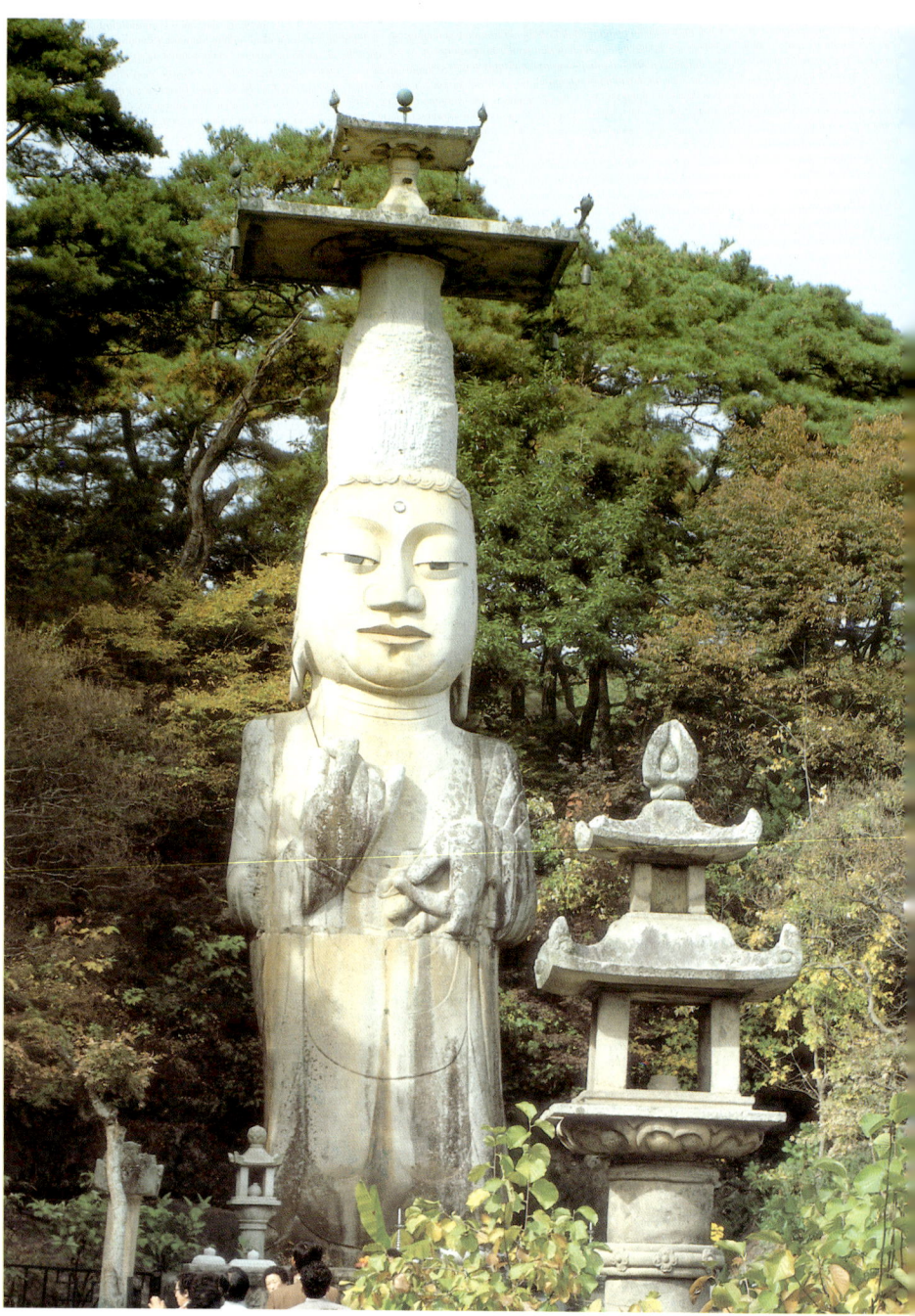

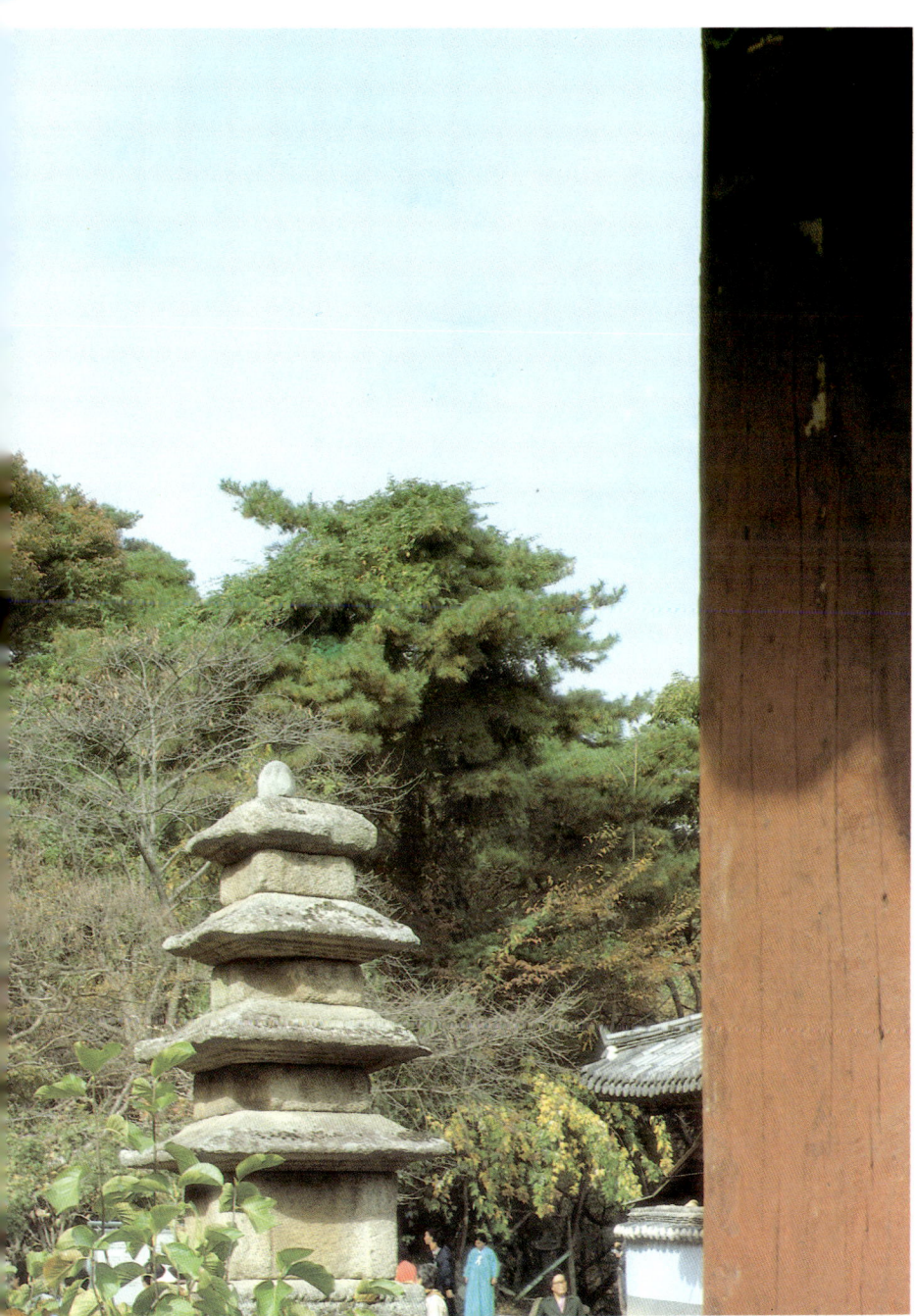

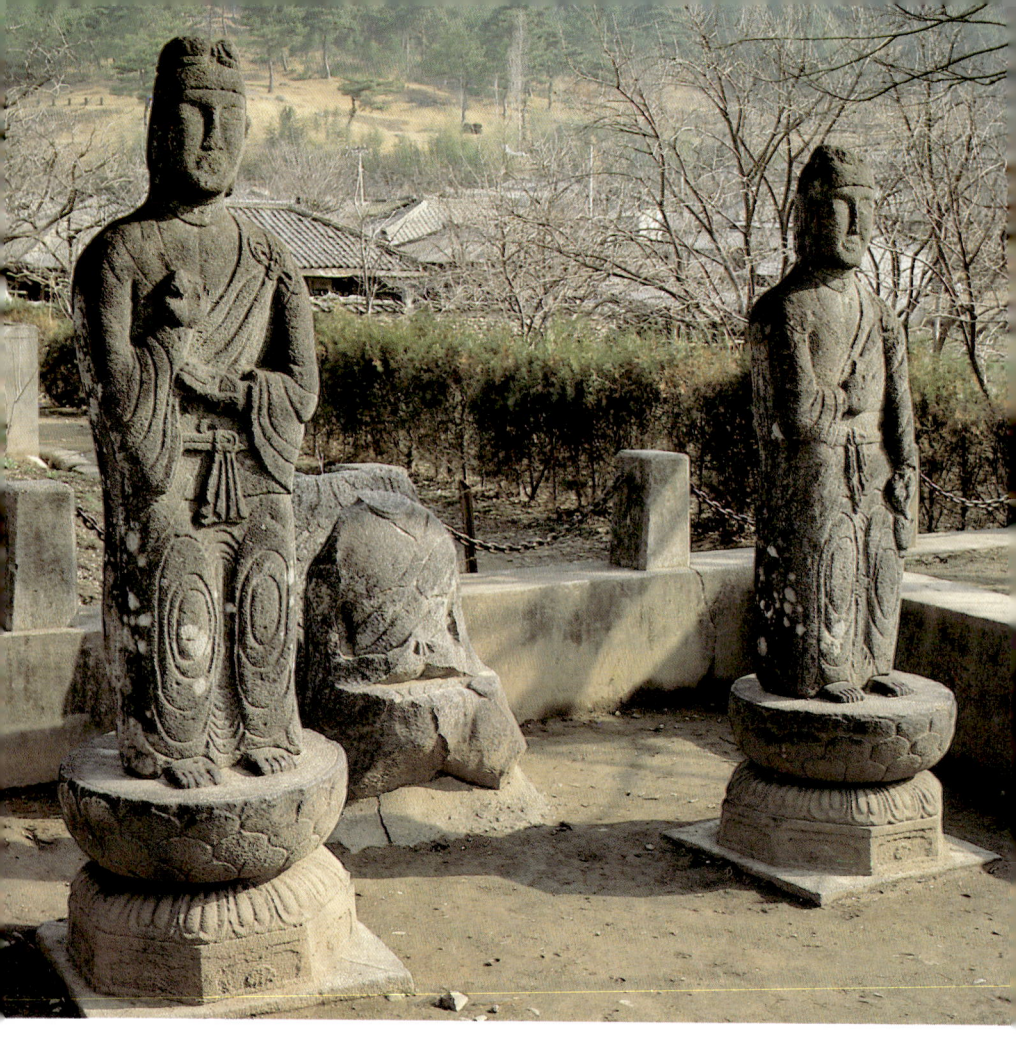

관촉사(灌燭寺) 보살 입상 상호의 이형화, 의문 표현의 선각화, 선의 표현보다 면의 표현에 치중한 점, 6각형 대좌의 출현 등 새로운 양식이 등장한 예이다.(앞)

함안 대산리 보살 입상 운동감은 적으나 신체의 균형이 비교적 좋고 상호가 온화하며 두 다리에 동심 타원문의 의문이 있는 점 등 신라불의 양식을 계승하고 있다.(위)

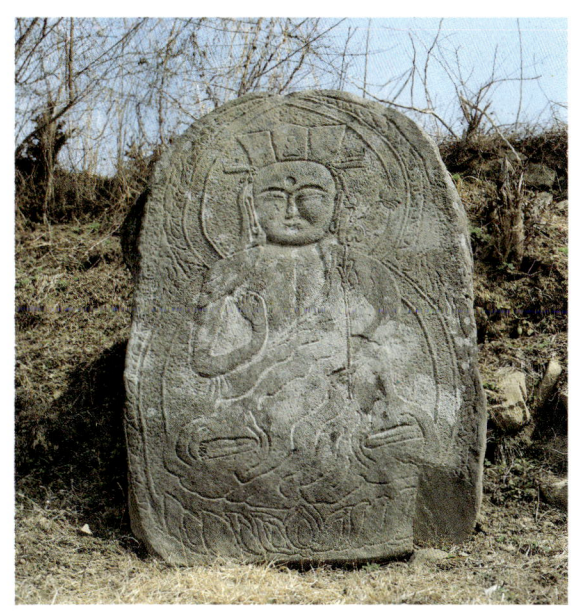

고령 개포동 보살 좌상 보관에 화불이 새겨져 있고 연꽃을 손에 쥐고 있어서 관세음보
살로 생각된다. 뒷면에 옹희 2년(985)이라는 기년명이 있어서 제작 시기를 알 수
있는 조각이라는 점에서 주목된다.

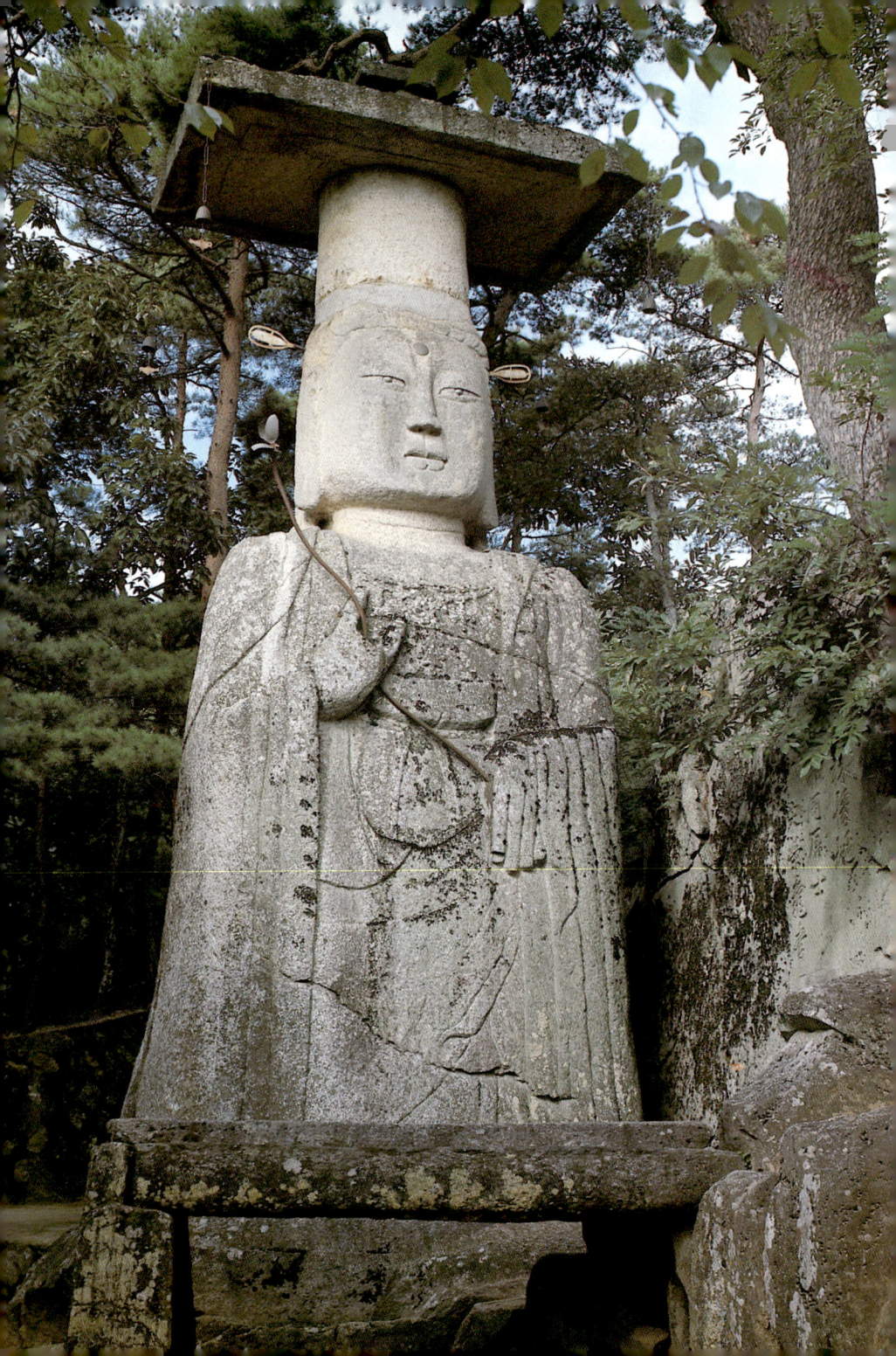

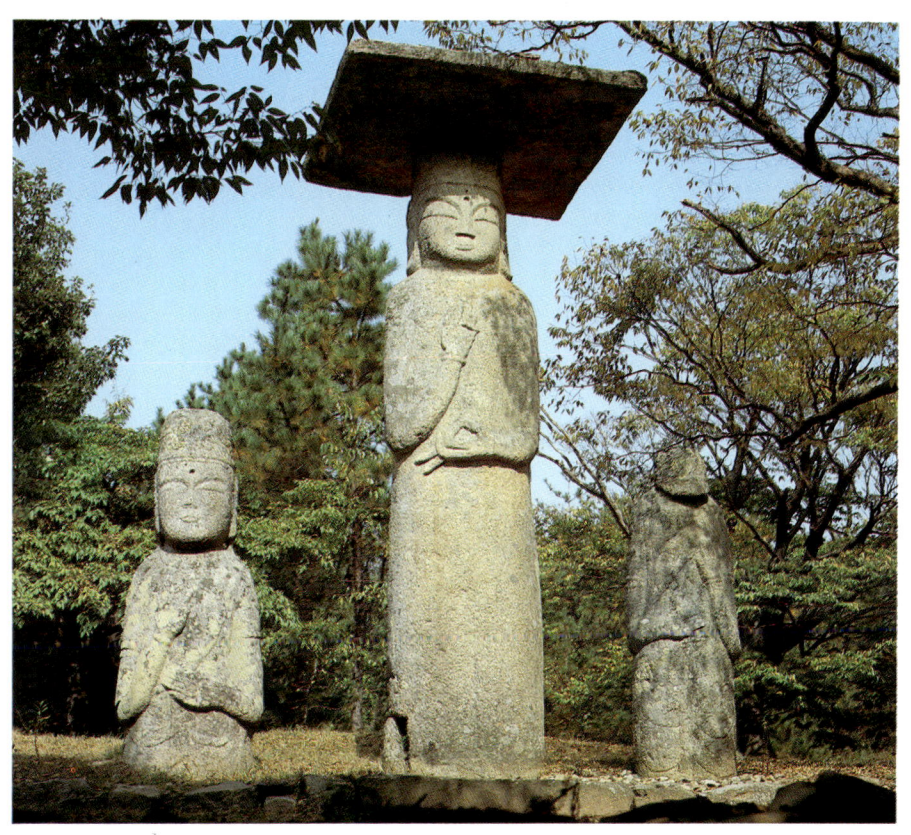

대조사 보살 입상(왼쪽)
안국사 삼존 입상(오른쪽)

　고려 불상에 나타나는 속세화 곧 상호 각부의 비현실적인 강조, 인체 비례에의 무관심, 석주형(石柱形)에서 벗어나지 못한 비입체성 등은 새로운 양식으로 지적될 수 있으나 그 배경에는 풍수설과 결부된 현세적인 속신화(俗信化)가 있었을 것으로 생각된다.

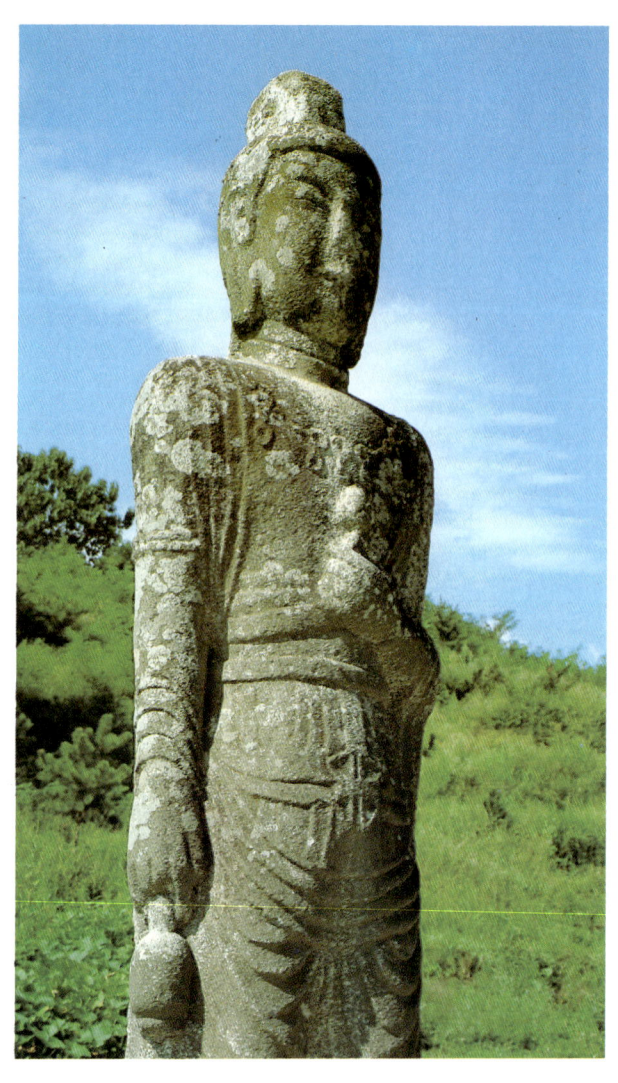

거창 상동 보살 입상　전기에 이어 신라불의 기본형을 따르는 상이다. 그러나 어깨가
각지고 신체가 평판(平板)이어서 다소 생경한 느낌을 준다.

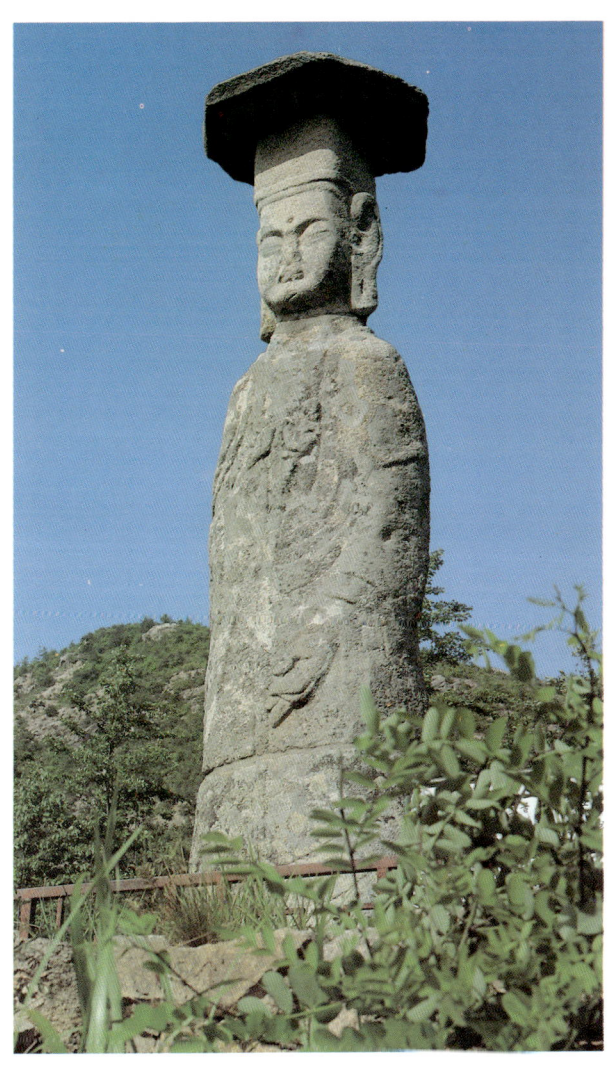

예산 삽교 보살 입상 고려 중기 불상의 특징은 원각상의 경우, 석주형의 석재에 수족과 의문을 거의 굴곡 없이 조각하여 입체감이 없으며 보살의 경우, 넓은 개석을 머리에 이고 있는 점을 들 수 있다.

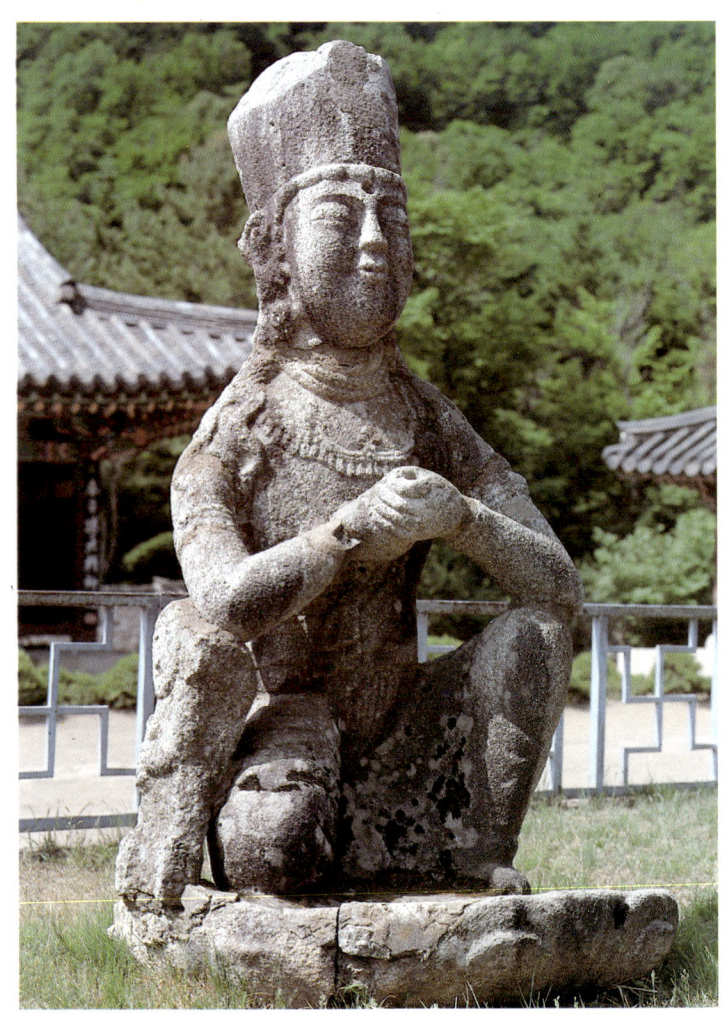

월정사(月精寺) 보살 좌상 고관개석(高冠蓋石)의 형식은 강릉 지방에 있는 한송사,
신복사, 월정사 등의 보살상에서 볼 수 있는데, 이 상들은 한결같이 비만형이며 작은
입에 미소를 짓고 특이한 자세를 취하고 있는 점이 주목된다.

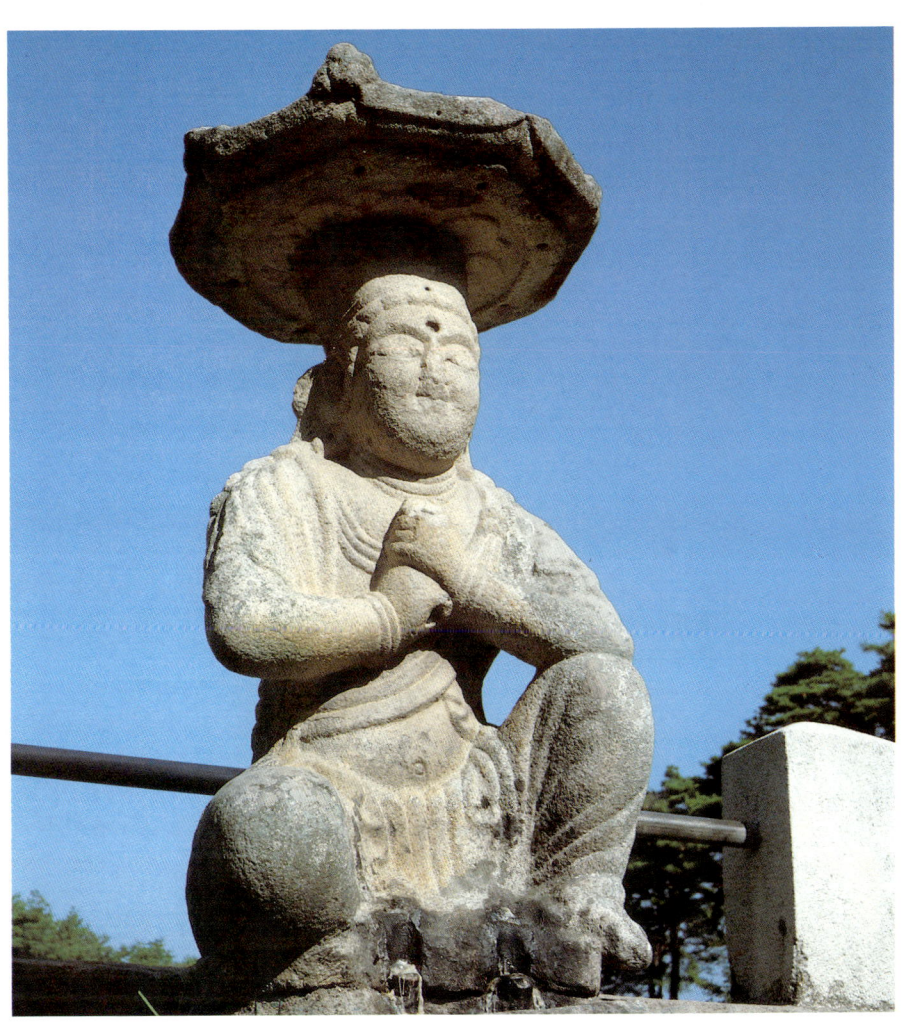

신복사(神福寺) **보살 좌상** 한송사지나 월정사 보살상처럼 원통형의 높은 관을 쓰고 있으며 관 위에 천개(天蓋)가 놓여 있다. 이러한 양상은 지방적 특색으로 이해될 수 있는데, 이 지방이 신라 왕족 김주원의 후예가 할거하던 곳이라는 점을 감안하면 특색 있는 양식이 나타날 수 있는 문화적 소지가 다분히 있었던 것이다. 또 이러한 점은 충주 지방의 철불에서 볼 수 있는 배경적인 특색과도 합치하는 바 있다.

한송사(寒松寺) 보살 좌상 대리석제 보살상으로 현재 국립 중앙 박물관에 소장되어 있다. 높은 관을 썼으며 통통한 얼굴에 미소를 띠고 있다.(왼쪽)

아산 평촌리 약사여래상 높이 4미터의 장대한 이 불상은 전체적으로 둔중한 인상을 주나 온화한 얼굴의 부처 모습을 보인다. 곳곳에서 동심원을 그리는 옷주름은 삼국시대부터 보이던 옷주름이 도식화된 형태로 나타난 것이다.(오른쪽)

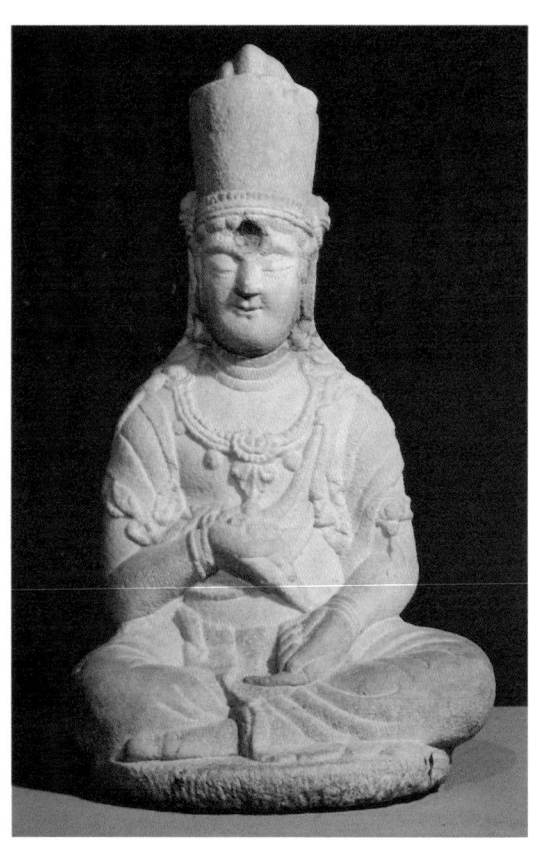

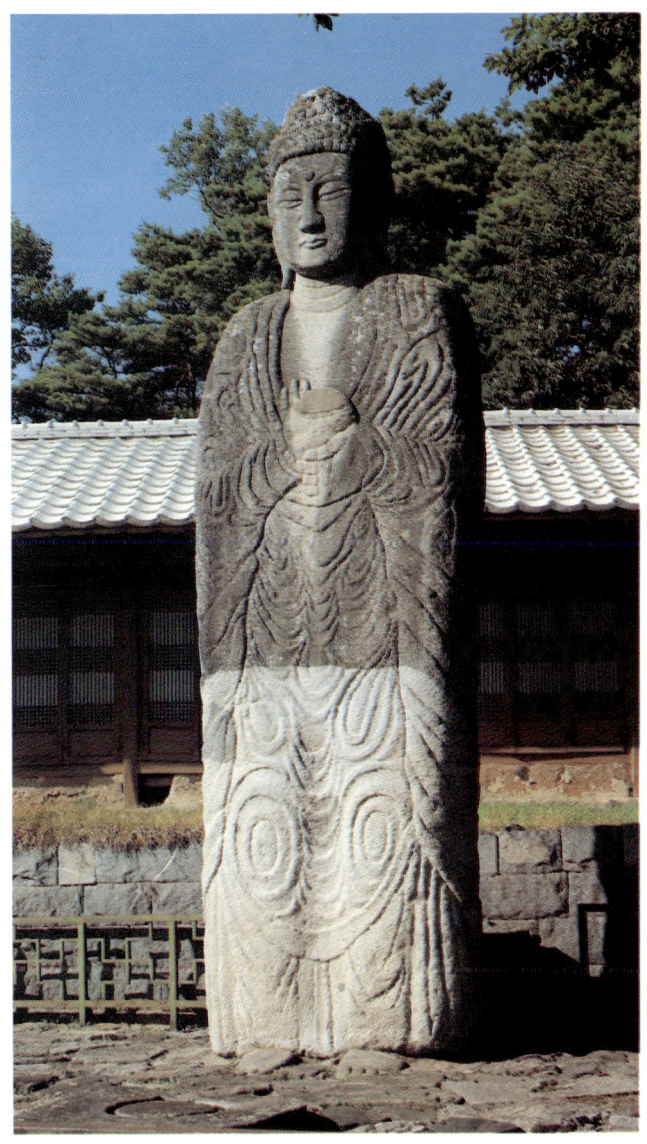

117

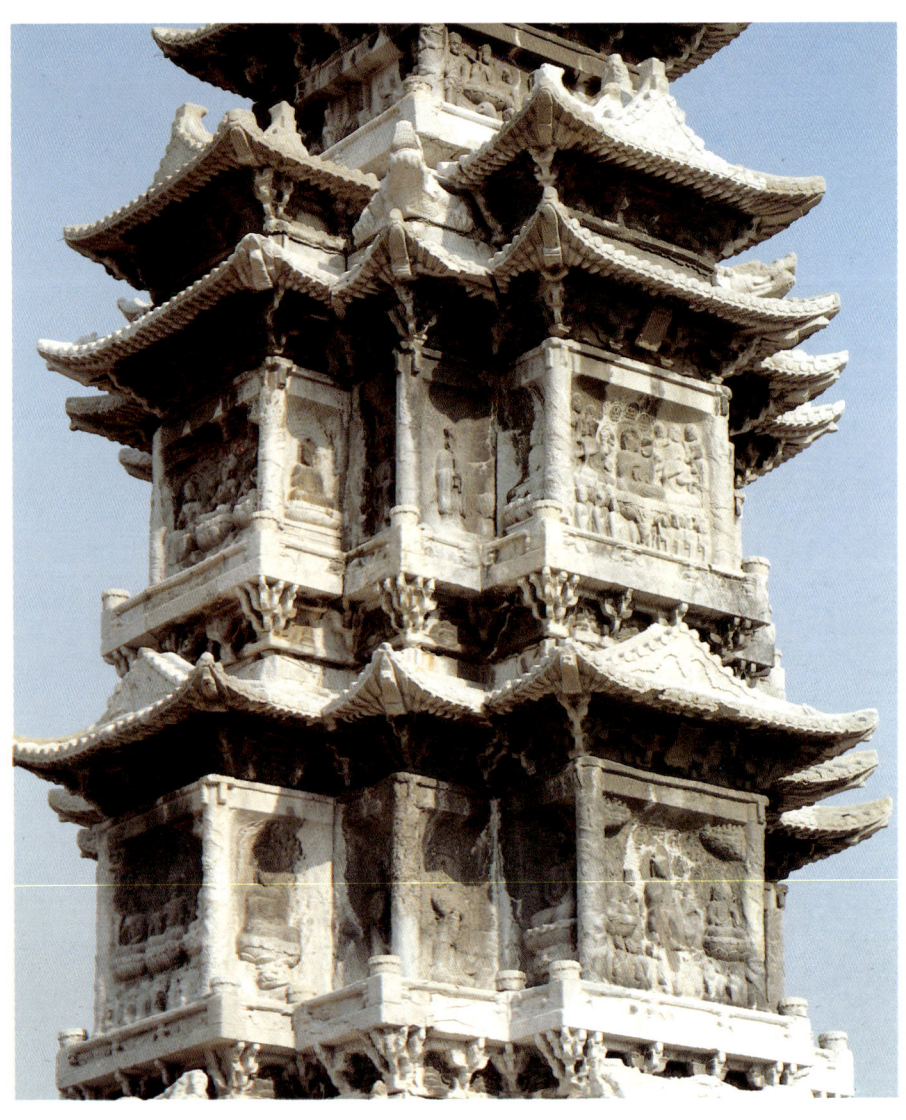

경천사 10층 석탑 표면 조각 고려 후기는 원의 침입을 받았으므로 송 문화에 대신하여 원 문화가 전반에 걸쳐서 침투하여, 불상 양식에서도 라마불의 양식이 나타나기 시작했으나 석불에서는 그다지 뚜렷하지 않다. 이 시기의 조상 자체도 현저하게 적어져서 이 탑의 표면 조각과 고도리 여래 입상 정도를 들 수 있다.

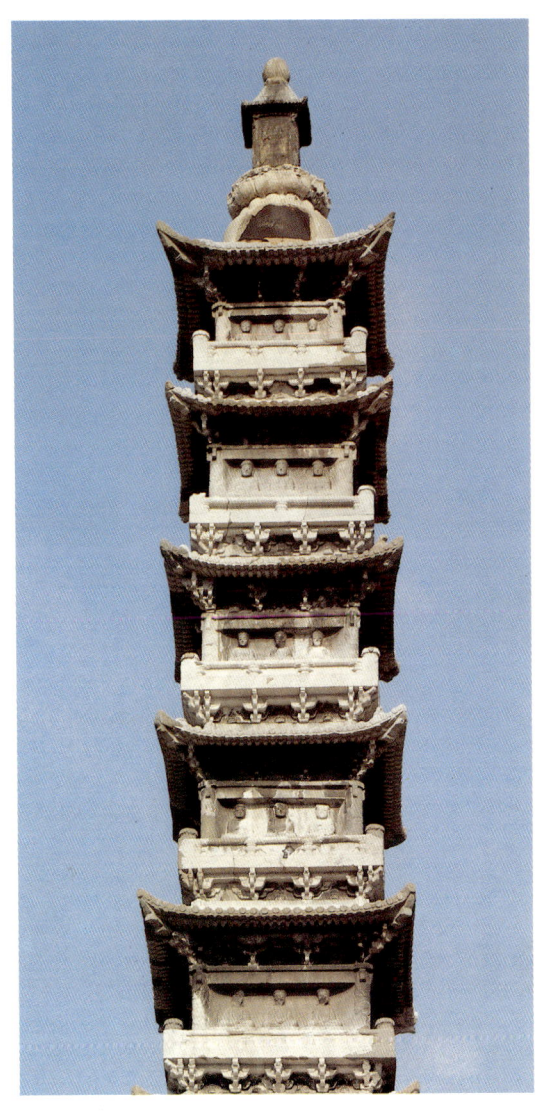

경천사 10층 석탑 상륜부와 탑신 고려 후기의 조각으로 대표되기는 하나 원나라 장인의 솜씨이므로 우리나라 조각사에서는 참고가 되는 작품일 뿐이다. 1348년에 건립된 이 탑의 탑신부 4층 이상은 방형(方形)으로 사방에 불·보살을 조각하여서 원나라 불상의 양식을 보여 준다.

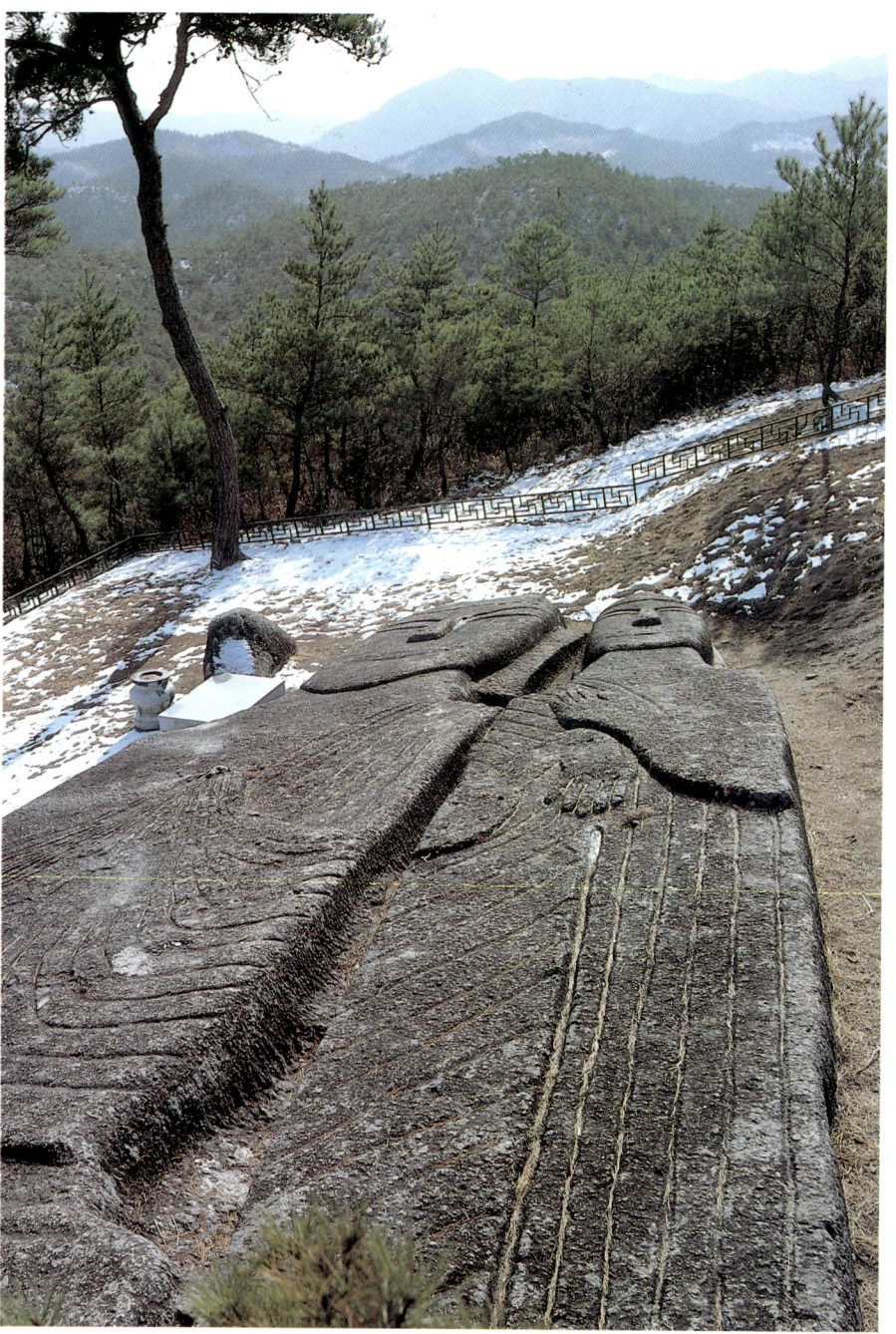

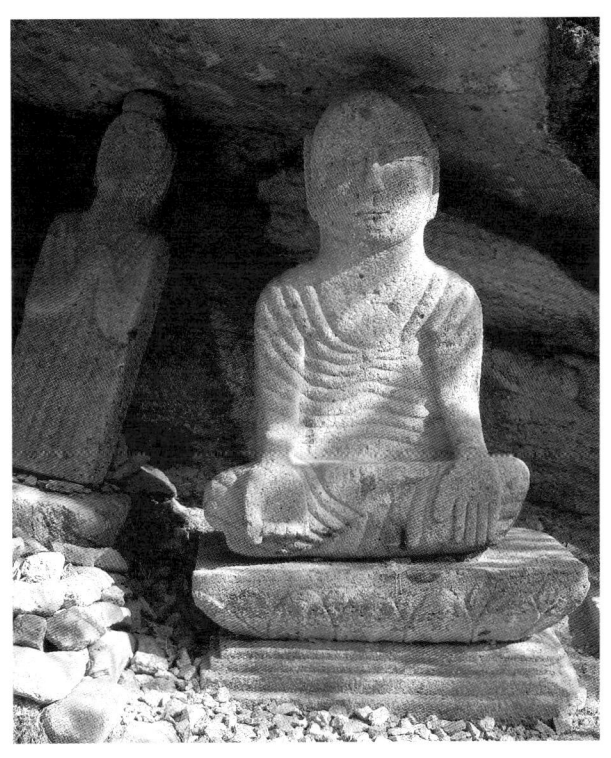

운주사(雲住寺) 석불군　운주사의 계곡과 좌우 산상 일대에는 지금도 많은 석탑과 석불
이 남아 있다. 도선국사가 하룻밤 사이에 천불과 천탑을 조성하였다는 바로 그 탑상
들이다. 석불은 우수한 작품은 되지 못하나 많은 상의 집중상이나 안치된 위치 등을
생각하면 풍수설에 의한 조상과 배열임을 짐작할 수 있다. 왼쪽은 와불 2구이며 오른
쪽은 여래 좌상이다.

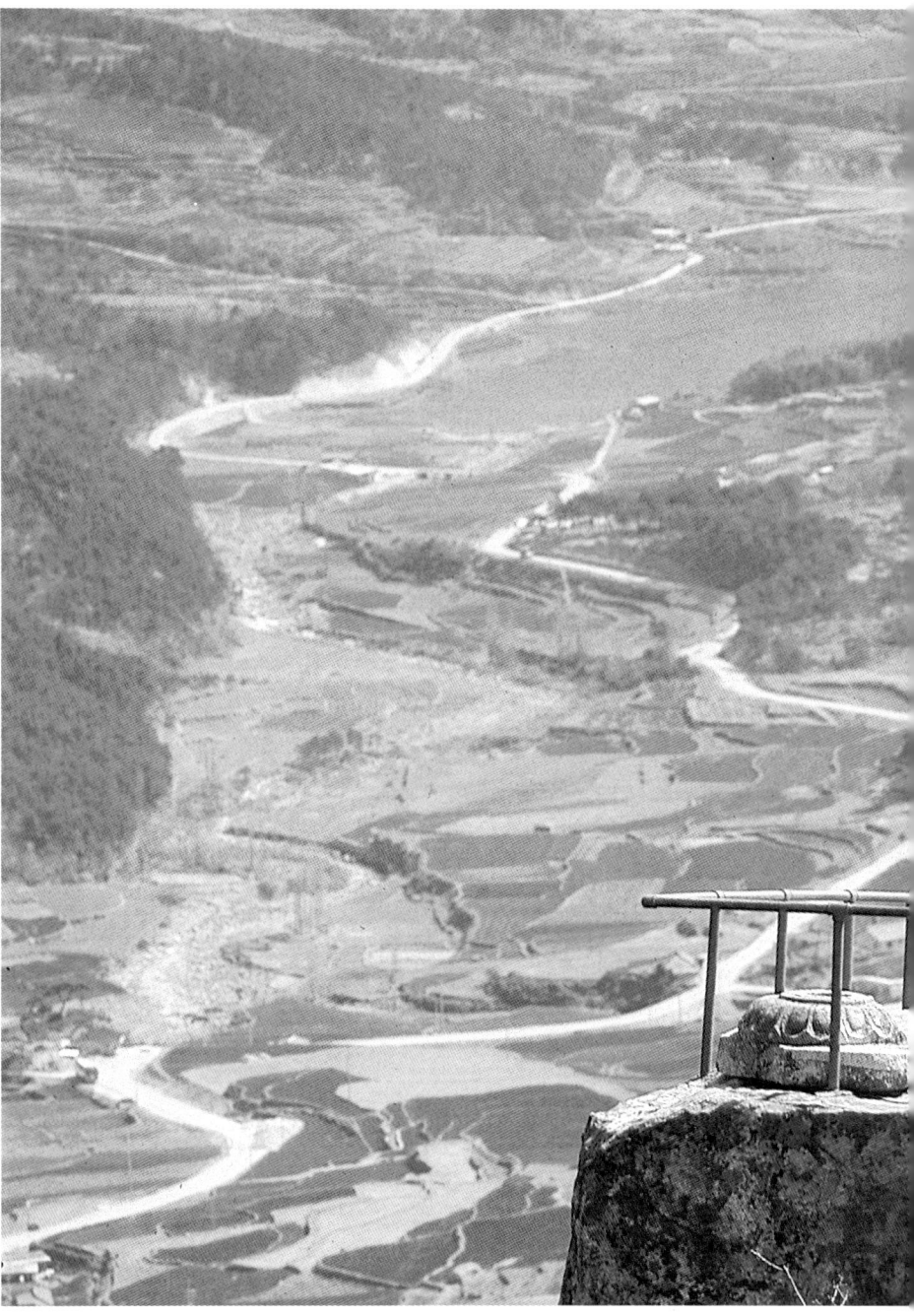

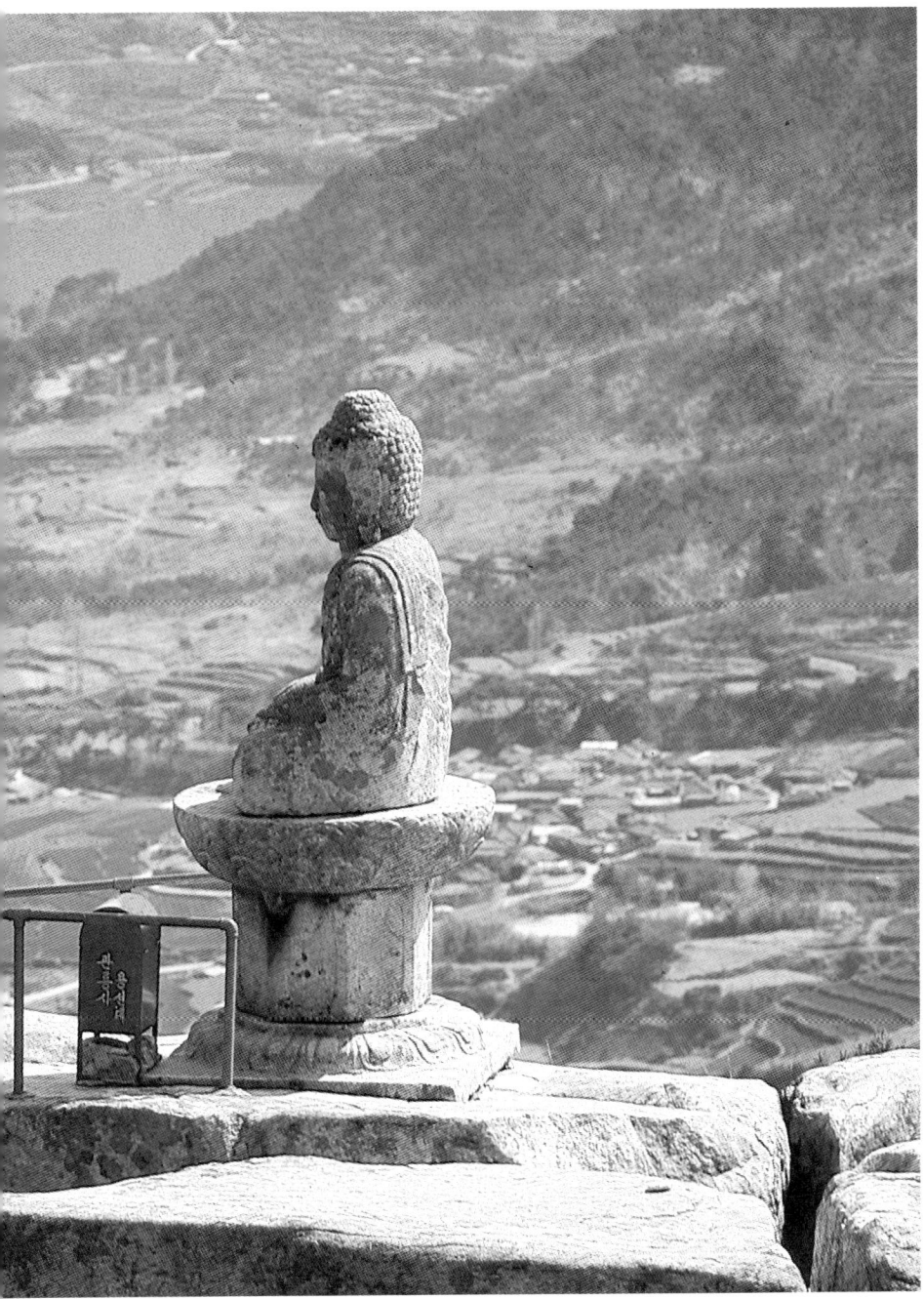

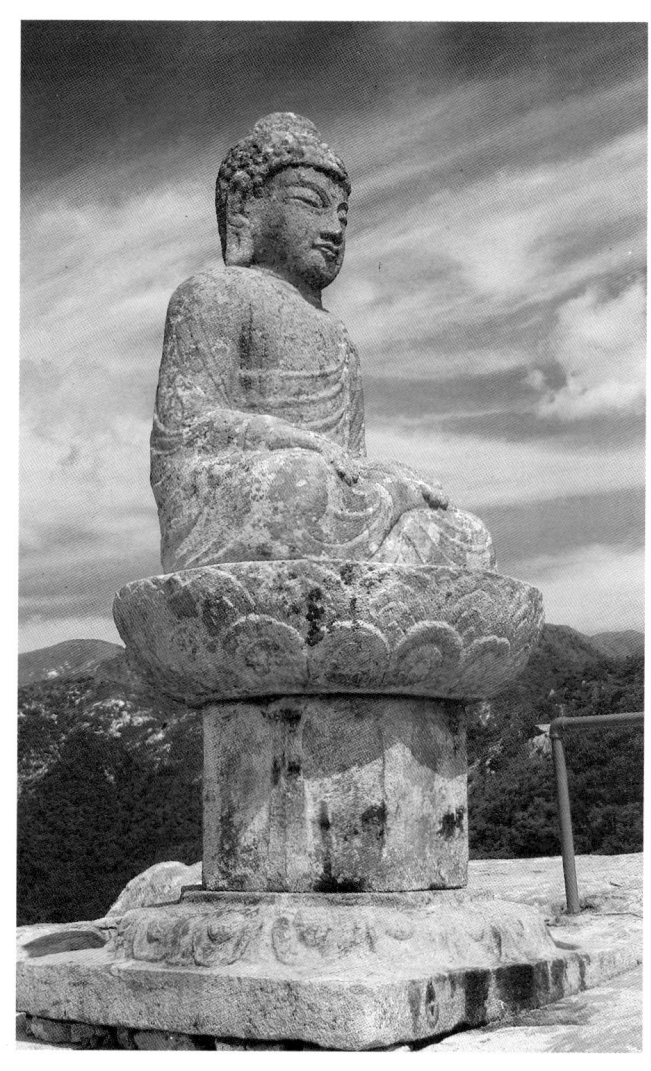

창녕 관룡사 용선대(龍船臺)(앞)
용선대 석불 불상 높이 1.88미터, 대좌 높이 1.36미터의 거대한 불상으로 멀리서 바라
보면 거대한 뱃전에 불상이 앉아 있는 듯하다. 이 불상은 얼굴의 표현, 신체의 양감
등이 8세기 신라 불상의 이상적인 모습을 보여 주고 있으나 조금은 위축되고 움츠린
신체 표현에서 고려시대 초기 석불임을 짐작게 한다.(위)

조선시대

조선시대는 주지하는 바와 같이 불교를 억압하는 정책을 쓰던 시기였던만큼 불상 제작이 전대에 비하여 크게 위축되었다. 그러나 서민들 사이에 깊이 뿌리 박혀 있던 신심으로 조상과 예배가 여전히 계속되었고 국초에는 왕가의 일각에서 불사(佛事)가 끊이지 않았다. 그러나 정책적인 억압은 당연히 조상에 크게 영향을 끼쳐 수에 있어서 열세를 면하지 못하였음은 물론 조형미에 있어서도 크게 퇴화되었다.

특히 석조상에서는

실상사 서진암(實相寺瑞眞庵) 나한상

원각사(円覺寺) 10층 석탑 표면 조각

등을 들 수 있을 뿐인데 숭정(崇禎) 3년명을 가진 관악산 마애 보살 좌상은 발군의 걸작이므로 참고로 들어 둔다.

실상사 서진암 나한상

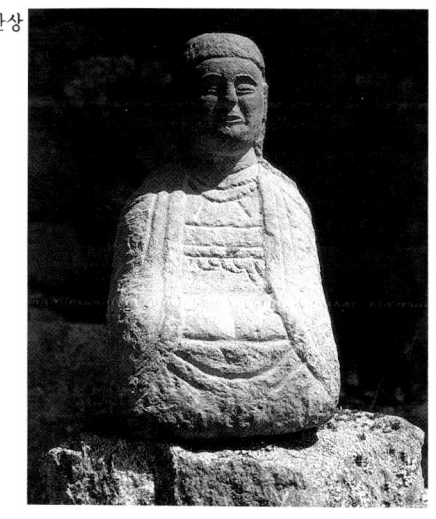

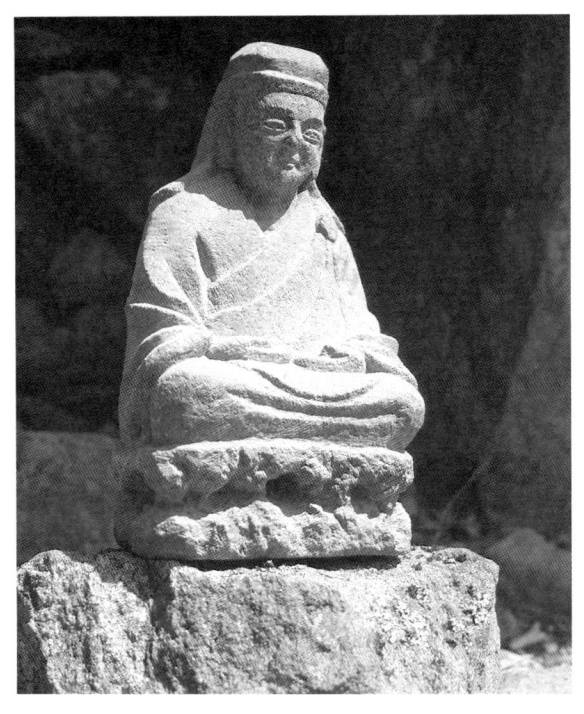

실상사 서진암(瑞眞庵) 나한상 조선 전기의 작품으로 추정되며 조선시대 석조상의
  면모를 반영한다.(왼쪽)
원각사 10층 석탑 표면 조각 경천사 10층 석탑을 그대로 모방한 대리석제 탑으로
  표면에 12회상 등을 조각하였다.(오른쪽 위, 아래)

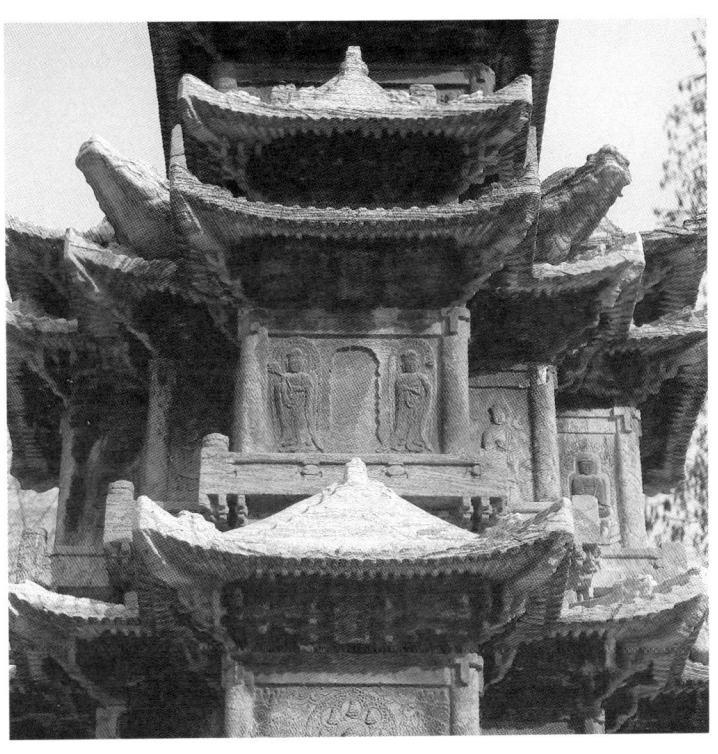

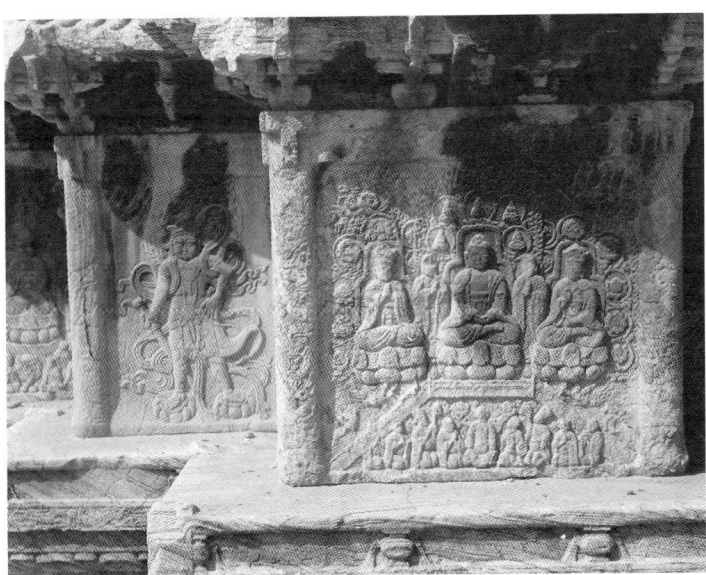

한국 석불의 주안점

불상을 논할 때 석불만 가지고 말할 수는 없다. 다시 말하면 석불만 가지고 거론된 바가 금속제나 목제, 기타의 불상에도 그대로 적용된다고 할 수 없다는 말이다. 그러나 석불은 석불 나름의 재료 및 기법상의 특색을 통해서 그 개성을 발휘하였고 또 우리나라는 주목할 만한 발달상을 보여 왔으므로 그러한 의미에서 우리 석불에 나타나는 특색을 총괄적으로 몇 가지 지적하면서 끝을 맺고자 한다.

첫째, 반가상의 유행을 들 수 있다. 대소상을 포함하여 반가사유의 석상은 삼국시대 이래 통일신라시대 초기에 제작한 것까지 현존하고 있으나 그 후 석상의 제작은 물론 금속상에 이르기까지 급속히 감소된 가운데 개성 부근의 관음사 석굴의 반가 석상의 존재는 그 제작이 고려시대까지 지속되었음을 알리고 있다.

둘째, 연기군내 일대에서 발견된 일련의 비상들은 그 양식이 독특하여 가히 일파를 이루었다고 할 수 있으며 또 그 양식이 과도적이라는 점은 지역적인 특색과 아울러 우리 조각사에서 주목되는 점이다. 더욱이 비문에 보이는 진모씨, 전씨 등의 백제 인명은 그 양식이 백제 불상 양식에서 비롯하여 통일신라초 양식과의 융합을 말하는 것으로서 매우 귀중한 문적이라고 아니할 수 없다.

세째, 신라 전시대를 통하여 존중되어 왔고 따라서 수십 처의 가람과 무수한 탑, 석불, 마애불을 남긴 경주 남산을 주목할 필요가 있다. 이곳이 신라의 불교 문화 내지 불교 미술의 보고라는 점은 일찍부터 주목되어 왔고, 경주박물관 또는 중앙박물관으로 옮긴 것을 포함하여 이곳에 밀집되어 있는 작례를 통하여 신라시대 석불 양식의 변천 과정을 한 곳에서 파악할 수 있는 곳은 경주 남산을 제외하고는 없다.

네째, 고려시대로 내려가서 평양과 그 부근에 집중되어 있는 석탑, 석불 등에 주목하여야 되겠다. 평양을 고구려의 고도로서 그 후예라고 자처하던 고려는 이곳을 '수덕(水德)'이 순조하여 우리나라 지맥의 근본이요 대업이 만대에 이를 땅'이라고 하여 개성의 '중경(中京)'에 대하여 '서경(西京)'이라고 하여 중요시하였다. 비록 그곳에는 석불로서 감불(龕佛)이 하나 있을 뿐이지만 다각 다층의 석탑이 집중되어 있어 거시적으로 보았을 때 개경에 이어 석불 조성이 지방으로 확산되는 경향의 한 현상으로서 주목되는 지방이라고 하겠다.

다섯째, 석불 제작의 지방 확산의 또 한 예로서 강릉 지방이 주목된다. 한송사, 신복사, 월정사의 보살 좌상들은 자세나 작품에 있어서 타지방의 보살상과 분명히 구별되는 특수한 양식을 보여 주어 이 지방의 특색으로 나타나고 있다. 이 지방이 신라 왕족 김주원의 후예가 할거하던 곳이라는 짐을 감안하면 특색 있는 양식이 나타날 수 있는 문화적 소지가 있었던 것이며 이러한 점은 충주 지방의 철불에서 볼 수 있는 특색과 배경과도 합치하는 바 있다.

끝으로 여섯째, 화순 운주사(雲住寺)를 주목할 필요가 있다. 운주사의 계곡과 그 좌우 산상 일대에는 지금도 많은 석탑과 석불이 남아 있다. 도선국사가 하룻밤 사이에 천불과 천탑을 조성하였다는 바로 그 탑상들이다. 석불은 우수한 작품은 되지 못하나 그 많은 대소상들의 집중상이나 안치된 위치, 더욱이 석탑의 위치도 아울러 생각하면 풍수설에 의한 조상과 배열임을 곧 짐작할 수 있다. 이와 동일한 뜻에서 위치를 점정하여 안치한 석불이 창녕 관룡사 용선대(龍船臺)의 석불이다. 운주사 석불은 비록 석불 자체가 아름답지는 않지만 다른 곳에서 볼 수 없는 특이한 상이므로 지적하여 둔다.

빛깔있는 책들 103-4

석불

글	—진홍섭
사진	—안장헌

발행인	—장세우
발행처	—주식회사 대원사

편집장	—박찬중
편집	—김한주, 조은정, 표명희
미술	—김병호, 김은하, 최윤정, 한진
전산사식	—김정숙, 육세림, 이규헌

첫판 1쇄 —1989년 5월 15일 발행
첫판 8쇄 —2005년 7월 30일 발행

주식회사 대원사
우편번호/140-901
서울 용산구 후암동 358-17
전화번호/(02) 757-6717~9
팩시밀리/(02) 775-8043
등록번호/제 3-191호
http://www.daewonsa.co.kr

ⓦ 값 13,000원

Daewonsa Publishing Co., Ltd.
Printed in Korea(1989)

ISBN 89-369-0043-9 00220

빛깔있는 책들